Impressum
Verlag: BABADADA GmbH, Nedderfeld 112 , 22529 Hamburg
Geschäftsführer / Verlagsleitung: Harald Hof
Druck: Books on Demand GmbH, In de Tarpen 42, 22848 Norderstedt

Imprint
Publisher: BABADADA GmbH, Nedderfeld 112 , 22529 Hamburg, Germany
Managing Director / Publishing direction: Harald Hof
Print: Books on Demand GmbH, In de Tarpen 42, 22848 Norderstedt

iskola

sukuu

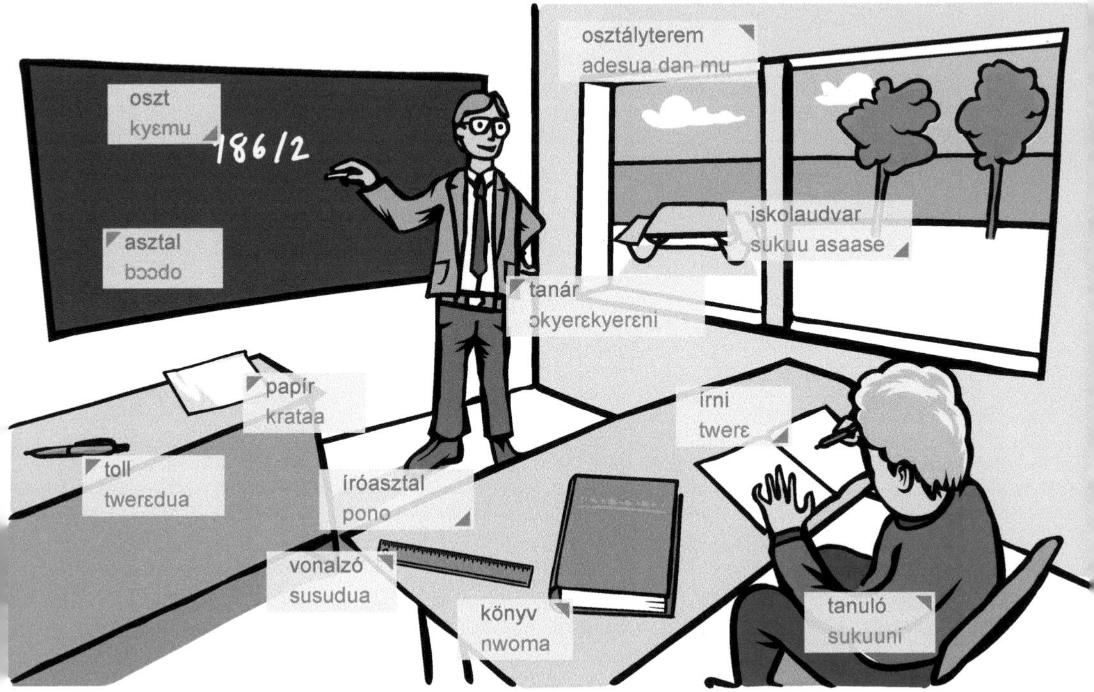

osztályterem
adesua dan mu
oszt
kyɛmu
186/2
asztal
bɔɔdo
iskolaudvar
sukuu asaase
tanár
ɔkyerɛkyerɛni
papír
krataa
írni
twerɛ
toll
twerɛdua
íróasztal
pono
vonalzó
susudua
könyv
nwoma
tanuló
sukuuni

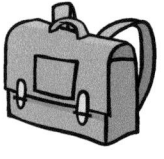

iskolatáska

baage

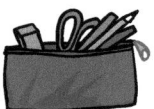

tolltartó

adeɛ wɔde twerɛdua hyɛ mu

ceruza

twerɛdua

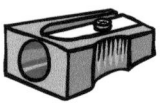

ceruzahegyező

adea wɔde sensene twerɛdua ano

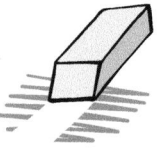

radír

rɔba

rajzfüzet

drɔɔwin nkrataa

rajz

drɔɔwin

ecset

adeɛ a wɔde bɔ akaadoo
mu

festőkészlet

akaadoo adaka

olló

apasoɔ

ragasztó

aduro a wɔde sɔ nnooma bɔ
mu

munkafüzet

krataa wɔyɛ dwumadie wɔ
mu

házi feladat

efie adwuma

szám

nɔma

összead

ka bom

kivon

te frim

szoroz

fabaho

számol

bo ho nkonta

betű

atwerɛdeɛ

ABCDEFG
HIJKLMN
OPQRSTU
VWXYZ

ABC

atwerɛdeɛ

szó

asɛm

szöveg

atwerɛ

olvasni

kan

kréta

chalk

tanóra

adesua

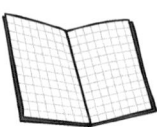

napló

krataa a din ahodoɔ wɔ mu

vizsga

nsɔhwɛ

bizonyítvány

nimdeɛ krataa

iskolai egyenruha

sukuu ataadeɛ

oktatás

adesua

enciklopédia

encyclopedia

egyetem

suapon kɛseɛ

mikroszkóp

afidie a wɔde hwɛ adeɛ
aniwa ntumi nhunu

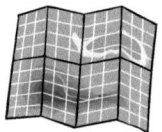

térkép

asaase mfonin a ɛwɔ krataa
so

papír-hulladék gyűjtő

kɛntɛn a wɔde krataa na ayɛ
a wɔde nwura gu mu

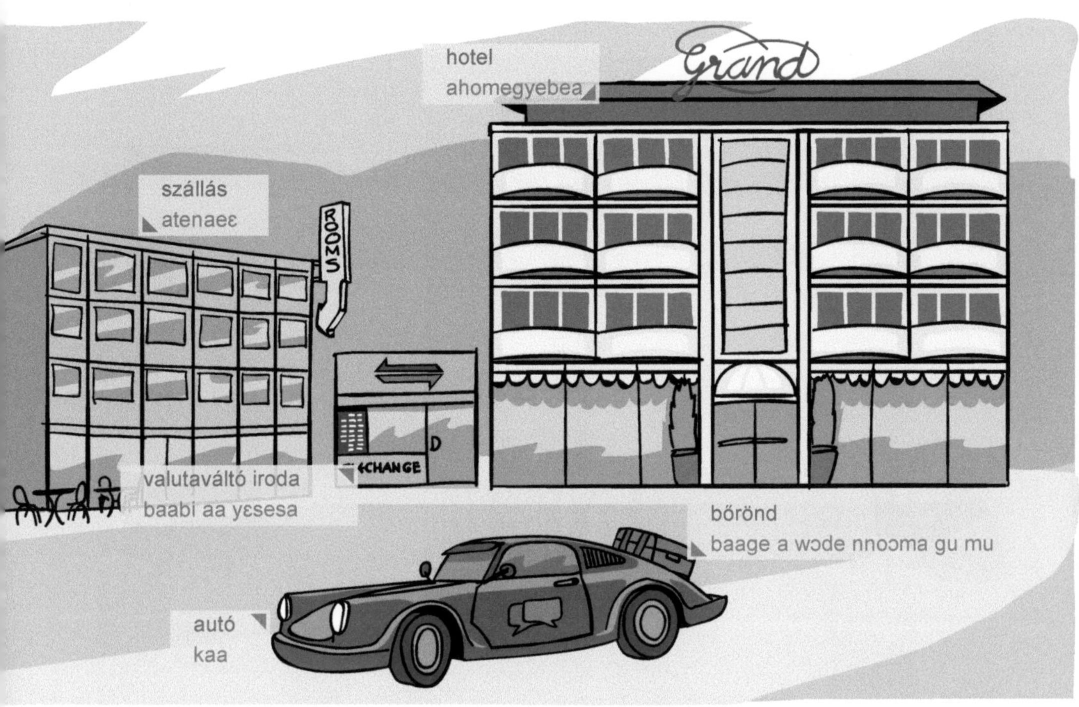

hotel
ahomegyebea
Grand
szállás
atenaeɛ
ROOMS
valutaváltó iroda
baabi aa yɛsesa
bőrönd
baage a wɔde nnoɔma gu mu
autó
kaa

nyelv

kasa

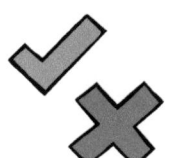

igen/nem

aane / daabi

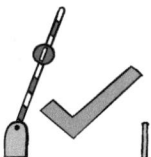

rendben

Yoo

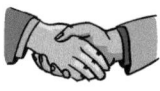

szia

hɛlo

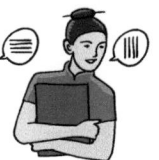

fordító

deɛ wɔkyerɛkyerɛ kasa ase

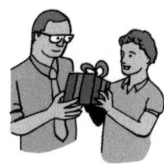

köszönöm

Medaase

mennyibe kerül…?

... εyε sεn?

nem értem

Menteaseε

probléma

ɔhaw

Jó estét!

Maadwo!

jó reggelt!

Maakye!

jó éjszakát!

Da yie!

viszontlátásra

nante yie

útirány

akwankyerε

poggyász

nnɔɔma a wɔde tu kwan

táska

kɔtɔkuo

hátizsák

baage a yεde bɔ yakyi

vendég

ɔhɔhoɔ

szoba

danmu

hálózsák

bag a yεda mu

sátor

ntomadan

turista információ

adesrafoɔ nsɛm

strand

po ano

hitelkártya

krɛdit kaade

reggeli

anopa aduane

ebéd

awia aduane

vacsora

anwumerɛ aduane

jegy

tikiti

lift

pagya

bélyeg

agyinahyɛdeɛ

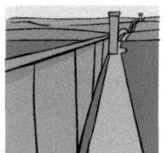

határ

ɛhyeɛ

vám

adwumayɛfoɔ a wɔgyina
aman mmienu hyeɛ so

nagykövetség

ɔman bi asoeɛ

vízum

akwantuo krataa

útlevél

akwantuo krataa

közlekedés

ɛhyɛn

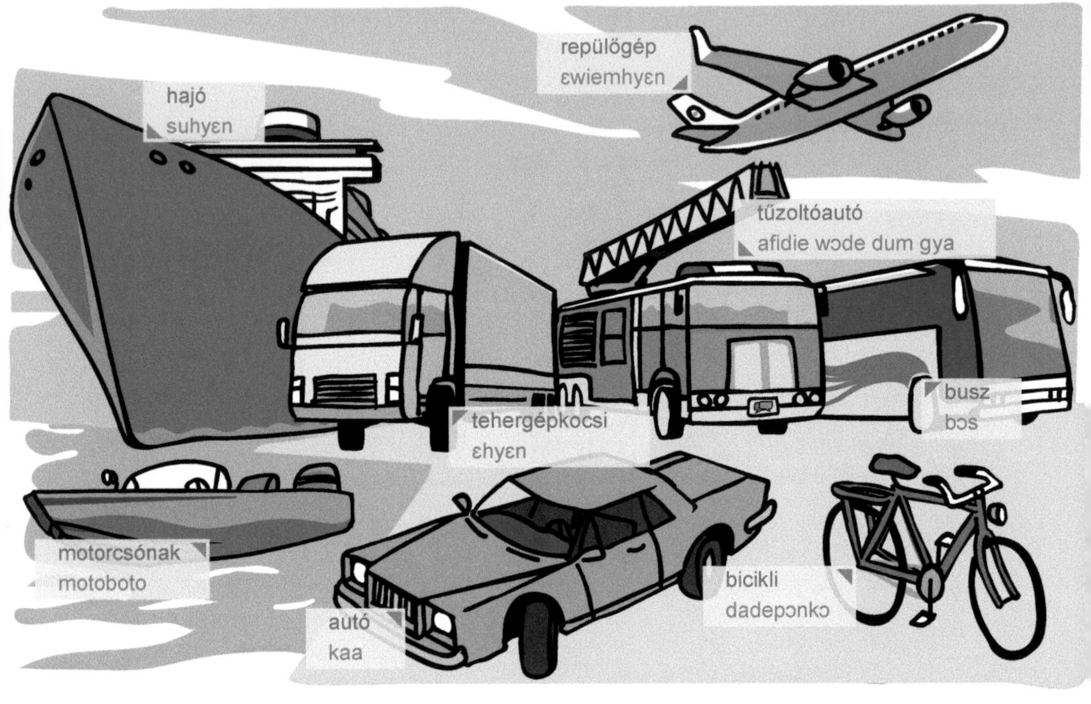

repülőgép
ɛwiemhyɛn
hajó
suhyɛn
tűzoltóautó
afidie wɔde dum gya
busz
bɔs
tehergépkocsi
ɛhyɛn
motorcsónak
motoboto
bicikli
dadepɔnkɔ
autó
kaa

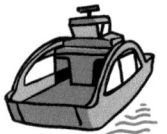

komp

subonto

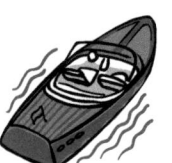

csónak

suhyɛn

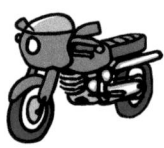

motorkerékpár

dadepɔnkɔ

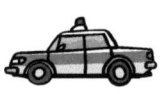

rendőrautó

apolisifoɔ kaa

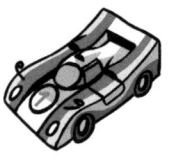

versenyautó

kaa a wɔde si akan

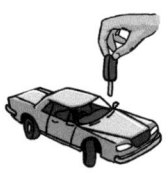

bérautó

hyɛn aa yɛ hain

telekocsi

kaa a wɔde ma obi de di dwuma

vontató

kaa a wɔde twe ɛhyɛn a asɛe

szemetes autó

bɔɔla kaa

motor

moto

üzemanyag

ngo

benzinkút

beaɛ a wotɔn pɛtro

közlekedési tábla

trafik ahyɛnsodeɛ

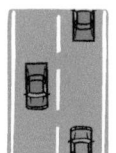

forgalom

trafik

forgalmi dugó

ɛhyɛn ntumi nkɔ ntɛm

parkoló

kaa gyinabea

vonatállomás

keteke steshin

sínek

ketekye kwan

vonat

ketekye

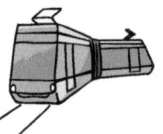

villamos

ketekye

vagon

afidie a wotena mu wɔ wiem tu kwan

helikopter

ewiemhyɛn

repülőtér

dadeɛanoma gyinabea

torony

dan tentene

utas

obi a wɔforo hyɛn

konténer

adaka

kartondoboz

adaka

taliga

teaseɛnam

kosár

kɛntɛn

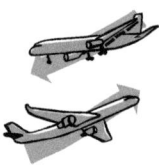

felszáll / leszáll

tu / si fam

város

kuropɔn

falu

akurase

városközpont

kuropɔn hyiabea

ház

efie

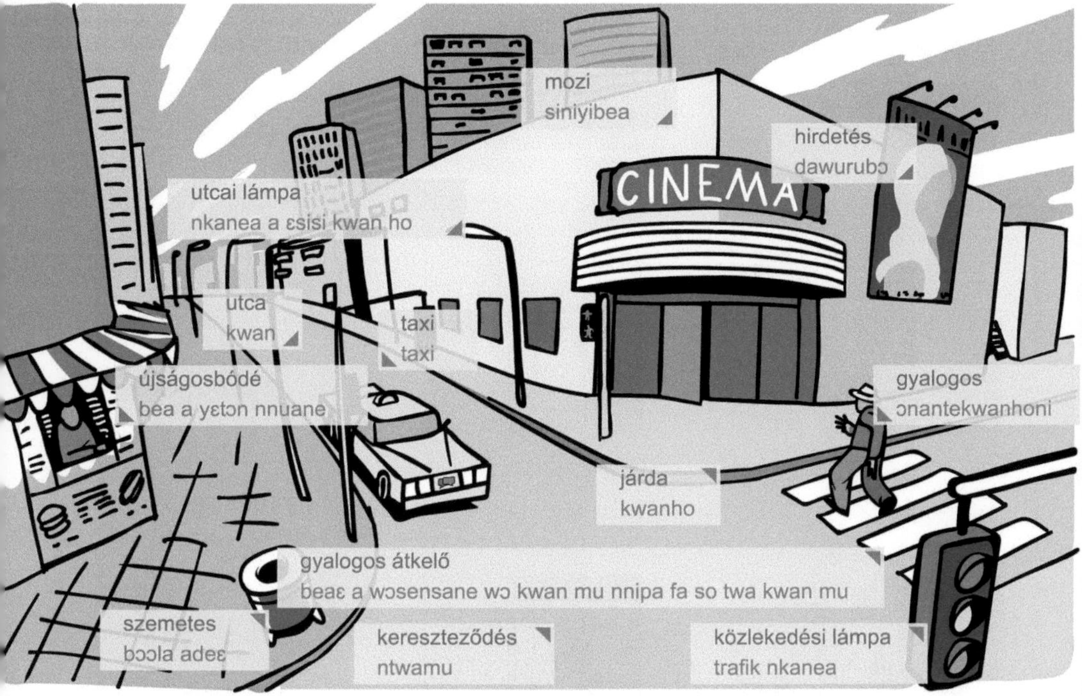

mozi
siniyibea

hirdetés
dawurubɔ

utcai lámpa
nkanea a ɛsísi kwan ho

CINEMA

utca
kwan

taxi
taxi

újságosbódé
bea a yɛtɔn nnuane

gyalogos
ɔnantekwanhoni

járda
kwanho

gyalogos átkelő
beaɛ a wɔsensane wɔ kwan mu nnipa fa so twa kwan mu

szemetes
bɔɔla adeɛ

kereszteződés
ntwamu

közlekedési lámpa
trafik nkanea

kunyhó

ntaabodan

lakás

tenabea

vonatállomás

keteke steshin

városháza

kurom nhyiadanmu

múzeum

mesiɔm

iskola

sukuu

egyetem

suapon kɛseɛ

bank

sikakorabea

kórház

asopiti

hotel

ahomegyebea

gyógyszertár

beaɛ a wɔtɔn nnuro

iroda

ɔfise

könyvesbolt

beaɛ a wɔtɔn nwoma

üzlet

beaɛ a wɔtɔn adeɛ

virágüzlet

nhwiren kuani

szupermarket

dwakɛseɛmu

piac

dwamu

áruház

asoeɛ sotɔɔ

halárus

nnam tɔnfo

bevásárló központ

adetɔ beae

kikötő

suhyɛn gyinabea

park

agodibea

pad

akonnwa

híd

nsamsɔɔ

lépcső

adeɛ wɔee foro aborosan

metró

asaasease

alagút

tɔkuro a w'atu no asaase
mu de ayɛ kwan

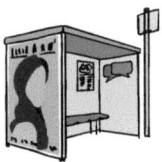

buszmegálló

ɛhyɛn gyinabea

bár

nsanombea

étterem

adidibea

postaláda

krataa adaka

utcatábla

kwan ahyɛnsodeɛ

parkoló óra

kaagyinaho meta

állatkert

mmoakurabea

uszoda

nsuo a wɔdware mu

mecset

masalakyi

gazdálkodás

afuo

környezetszennyezés

ewiem sɛɛɛ

temető

nsamanpɔ mu

templom

asore

játszótér

agodibea

szentély

hyiadan

táj

asaase

levél
ahaban

útjelző tábla
akyerɛkyerɛkwan

út
kwan

rét
sare asaase

kő
boba

túrázó
pipo so foronii

fa
dua

folyó
asubontene

fű
nsensan

virág
nhwiren

völgy

ɛbɔn

domb

bepɔ

tó

sutadeɛ

erdő

kwaeɛ

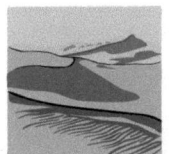

sivatag

ɛserɛ so

vulkán

egya a ɛfiri bepɔ mu ba

kastély

ahenfie

szivárvány

nyankontɔn

gomba

mmire

pálmafa

abɛdua

szúnyog

ntontom

légy

wasena

hangya

ntatea

méhecske

wowa

pók

ananse

bogár

kukurubibi

béka

apɔnkyerɛnee

mókus

opuro

sündisznó

kotoko

nyúl

adanko

bagoly

patuo

madár

anomaa

hattyú

dabodabo

vaddisznó

kɔkɔte

szarvas

wansane

rénszarvas

torɔm

gát

sutadeɛ

szélturbina

mframa tɛɛbain

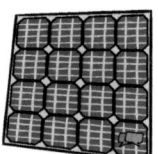

napelem

adeɛ ɛtwe anyinam ahoden
firi awia mu

éghajlat

ewiem

pincér
barima a wɔsom wɔ beaɛ a wɔtɔn aduane

menü
aduane ahodoɔ wɔtɔn

szék
akonwa

leves
nkwan

pizza
pizza

terítő
ntoma a wɔde kata ɛpono so

evőeszköz
atere ne nsikan a wɔde didie

előétel
ahyɛaseɛ

főétel
aduane titriw

desszert
nnɔkɔnnɔkwade

italok
nsa

étel
aduane

üveg
toa

gyorsétel

aduane wɔyɛ no ɔhare so

gyorsétel

aduana a ɛyɛ kwan ho

teás kanna

tea kukuo

cukortartó

asikyire kyɛnsen

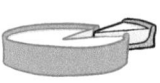

adag

fa

eszpresszógép

espresso afidie

bárszék

akonwa tenten

számla

ka krataa

tálca

apanpan

kés

sikanmoa

villa

adinam

kanál

atere

teáskanál

tea atere

szalvéta

ntoma a wɔde sɛ pono so

pohár

ahwehwɛ

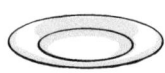

tányér

plɛɛte

leveses tányér

nkwan plɛɛte

csészealj

plɛte ketewa

szósz

frɔyɛ

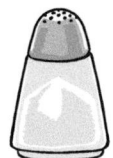

sószóró

nkyene kukuo

borsőrlő

adeɛ a wɔde twi mako

ecet

vinegar

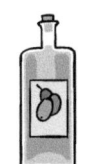

étkezési olaj

anwa

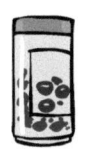

fűszerek

atosodeɛ

ketchup

ketchup

mustár

sinapi aba

majonéz

mayonis

szupermarket

dwakɛseɛmu

különleges ajánlat
akwanya soronko
ügyfél
obi a wɔtɔ wadeɛ
tejtermék
milikyi nnuane
gyümölcsök
nnuaba
ɔ adeɛ pia berɛ a wɔretɔ adeɛ
FOR

BUTCHERS

hentes

nnamtwafo

BAKERY

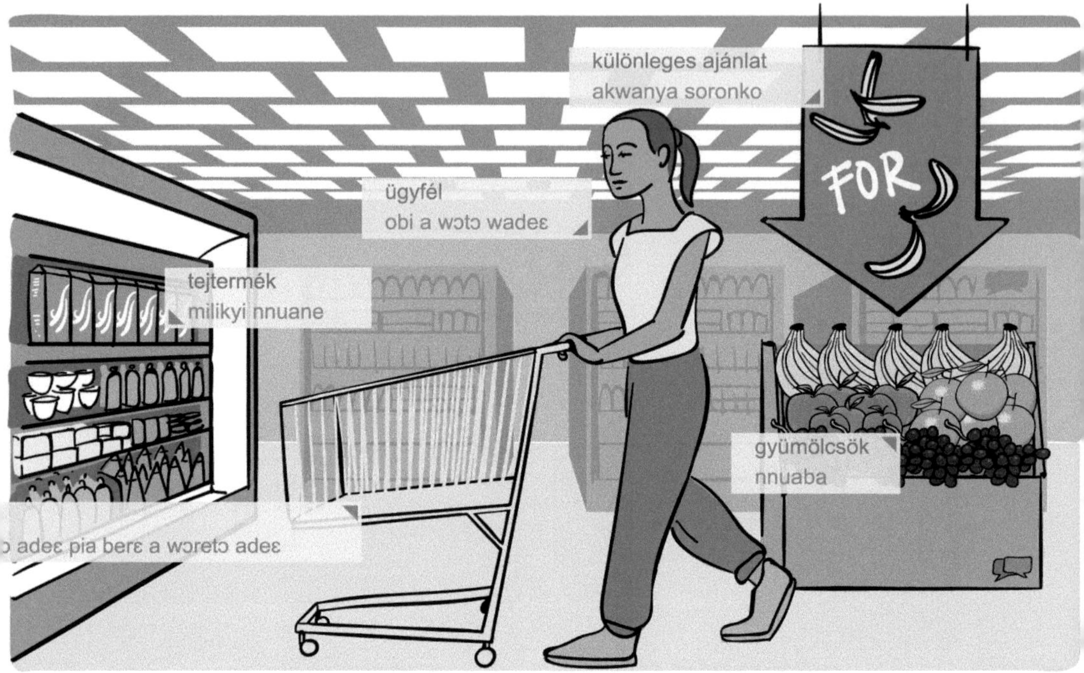

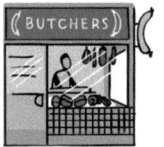

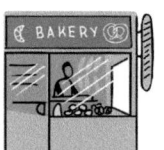

pékség

brodotofo

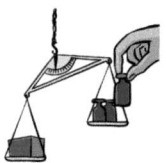

nyom valamennyit

susu

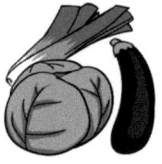

zöldség

atosodeɛ

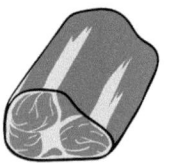

hús

nnam

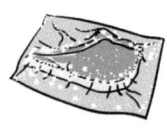

fagyasztott áru

aduane a wɔde ahyɛ sukɔtwea adaka mu

felvágott

nnam a yɛy nwunu

konzerv

nnuane a ɛwɔ konku mu

mosópor

aduro a wɔde si nnooma

édességek

adɔkɔkɔdɔkɔdeɛ

háztartási termék

efie nnooma

tisztítószerek

nnuro a wɔde hohoro
nnooma ho

eladó

adetɔni

pénztárgép

adeɛ a wɔgye sika de gu mu

eladó

obi a wɔhwɛ sika so

bevásárló lista

nnooma a wobɛtɔ

nyitva tartás

mmerɛ a ɔmo de bue

levéltárca

kotokuo

hitelkártya

krɛdit kaade

zacskó

botɔ

műanyag zacskó

rɔba botɔ

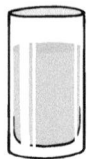

víz

nsuo

gyümölcslé

aduaba mu nsuo

tej

milikyi

kóla

coke

bor

nsa

sör

beer

alkohol

nsaden

kakaó

kookoo

tea

tea

kávé

kɔfe

eszpresszó

espresso

kapucsínó

cappuccino

banán

kwadu

alma

aprɛ

narancs

akutuo

sárgadinnye

mɛlɔn

citrom

akutuo

sárgarépa

karɔt

fokhagyma

galeke

bambusz

mpampuro

hagyma

gyeene

gomba

mmire

magvak

nkateɛ

nokedli

talia

spagetti

talia

rizs

εmo

saláta

salad

sült krumpli

kyips

sült burgonya

aborodwomaa w'akye

pizza

pizza

hamburger

hamburger

szendvics

sandwiɔh

hússzelet

ntwetwade

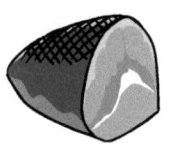

sonka

prɛko nam

szalámi

salami

kolbász

sɔsegye

csirke

akokɔnam

pecsenye

toto

hal

nsuomunam

zabkása
....
oats koko

müzli
....
muesli

kukoricapehely
....
cornflakes

liszt
....
esam

croissant
....
croissant

zsemle
....
brodo a yababɔ

kenyér
....
brodo

pirítós kenyér
....
ho

keksz
....
biskit

vaj
....
bɔta

túró
....
koko

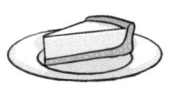

sütemény
....
ɔfam

tojás
....
kosua

tükörtojás
....
kosua a yakye

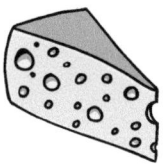

sajt
....
kyeese

jégkrém

ise krim

cukor

asikyire

méz

εwoɔ

lekvár

εam

mogyorókrém

kyɔkolate a wɔde yε aduane mu

curry

kɔri

étel - aduane

gazdálkodás

afuo

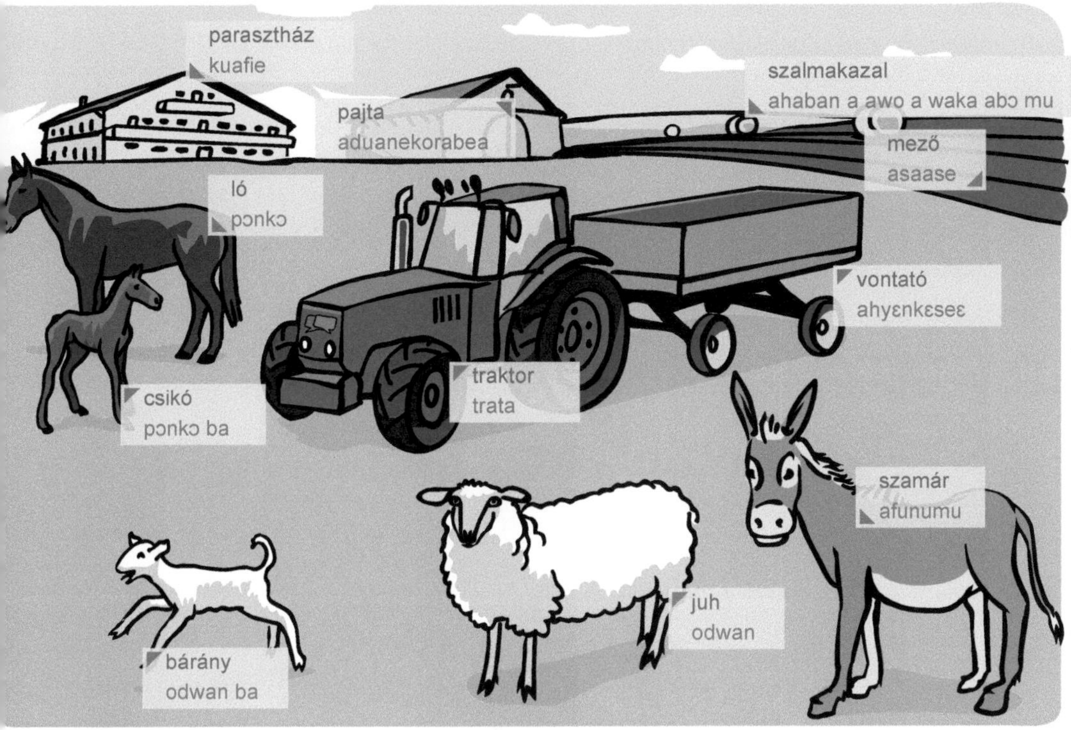

parasztház
kuafie
pajta
aduanekorabea
szalmakazal
ahaban a awo a waka abɔ mu
mező
asaase
ló
pɔnkɔ
vontató
ahyɛnkɛseɛ
traktor
trata
csikó
pɔnkɔ ba
szamár
afunumu
juh
odwan
bárány
odwan ba

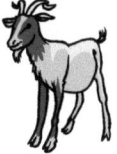

kecske
apɔnkye

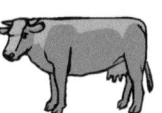

tehén
nantwie

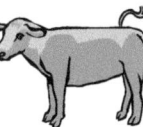

borjú
nantwie ba

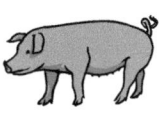

malac
prɛko

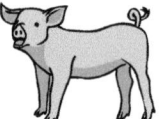

kismalac
prɛko ba

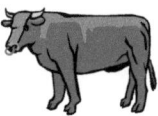

bika
nantwinini

liba

dabodabo

kacsa

dabodabo

csibe

akokɔba

tojó

akokɔbedeɛ

kakas

akokɔnini

patkány

akura

macska

agyinamoa

egér

akura

ökör

nantwi

kutya

ɔkraman

kutyaház

kramanfie

kerti öntözőcső

drobɛn a wɔde nsuo fa mu
gugu nnɔɔma so

öntözőkanna

toa wɔde nsuo gu mu de
gugu nnɔɔma so

kasza

kantankrankyi

eke

afidie a wɔde funtum
asaase ani

28   gazdálkodás - afuo

sarló

sɔsɔwa

kapa

asɔ

vasvilla

fɔɔki kɛseɛ

fejsze

akuma

talicska

hweebaro

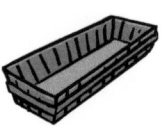

teknő

adea mmoa didi mu

tejes kancsó

milikyi konku

zsák

kotoku

kerítés

ɛban

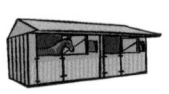

istálló

mmoa dan

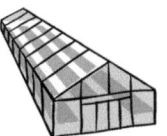

üvegház

nnuaba dan mu

talaj

anwea

vetőmag

aba

trágya

nnuro a wɔde gu mfudeɛ ho

cséplőgép

nnuanetwa kaa kɛse

szüretelni

twa

betakarítás

mfudeɛ

yamgyökér

bayerɛ

búza

ayuo

szója

soya

burgonya

aborɔdwomaa

kukorica

aburo

repcemag

rapedua aba

gyümölcsfa

aduaba dua

manióka

bankye

gabona

aburo aduane

ház
efie

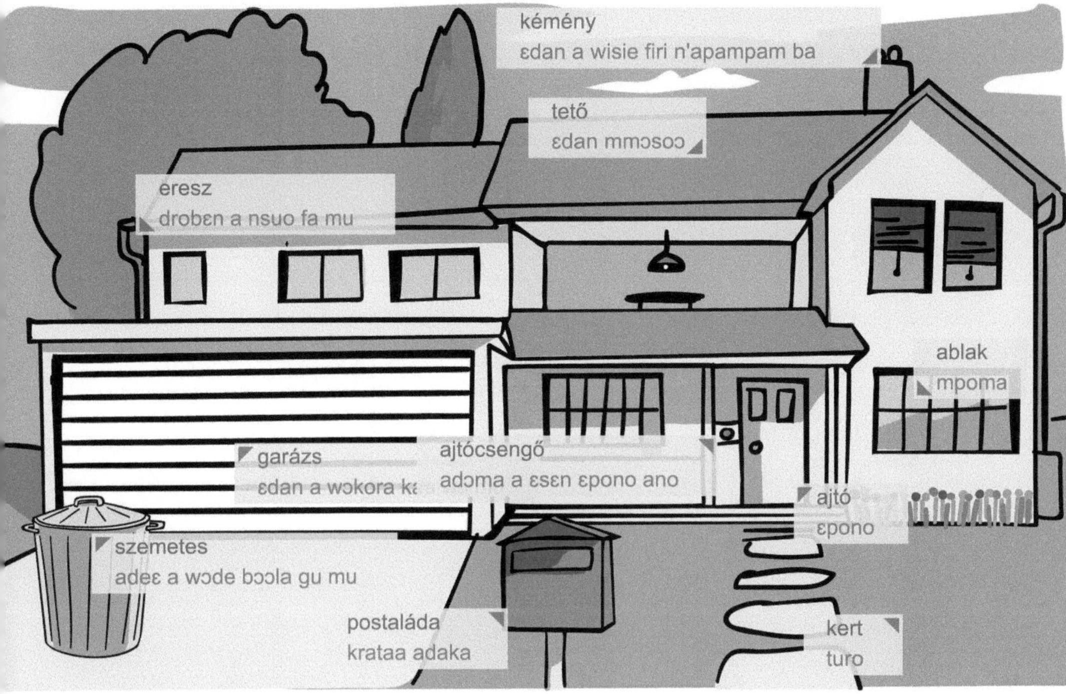

kémény
ɛdan a wisie firi n'apampam ba
tető
ɛdan mmɔsoɔ
eresz
drobɛn a nsuo fa mu
ablak
mpoma
garázs
ɛdan a wɔkora kɛ
ajtócsengő
adɔma a ɛsɛn ɛpono ano
ajtó
ɛpono
szemetes
adeɛ a wɔde bɔɔla gu mu
postaláda
krataa adaka
kert
turo

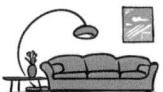

nappali

ɛdan a wɔtena mu

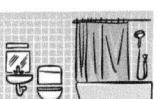

fürdőszoba

adwareɛ

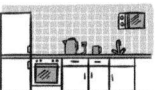

konyha

gyaade

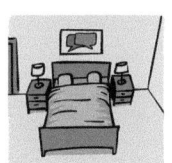

hálószoba

piam

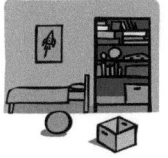

gyerekszoba

abɔfra dan mu

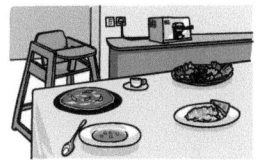

ebédlő

ɛdan a wɔdidi wɔ mu

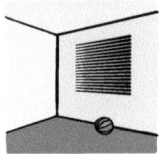

padló

fam

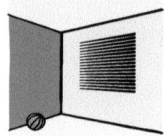

fal

ɛban

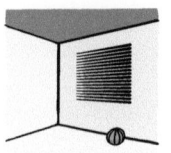

plafon

siilin

pince

ɛdan a ɛhyɛ fam

szauna

beaɛ a wɔkɔto hyew

erkély

pɔɔkye

terasz

asaase a wafuntum na
wɔde dua nnɔbaeɛ

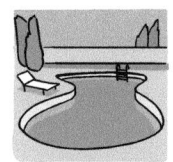

medence

nsuo a wɔdware mu

fűnyíró

afidie a wɔde dɔ

lepedő

krataa

ágytakaró

nnasɔɔ

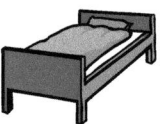

ágy

mpa

seprű

praeɛ

vödör

bɔkiti

kapcsoló

deɛ wɔde sɔ kanea

32   ház - efie

nappali

ɛdan a wɔtena mu

tapéta
mfonin a wɔde fam dan ho
kép
mfoni
lámpa
kanea
polc
beaɛ wɔkora nwoma
szekrény
kɔbɔd
televízió
tɛlɛfishin
kandalló
beaɛ egya wɔ
virág
nhwiren
párna
kushin
kanapé
akonwa
váza
nhwiren toa
távirányító
remotu

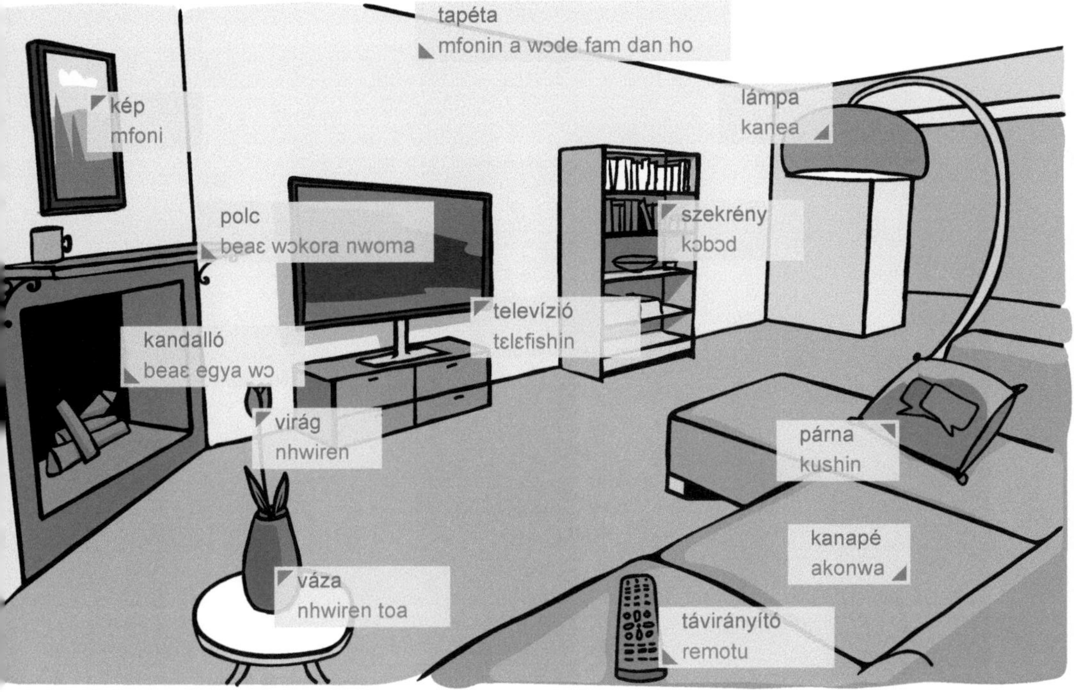

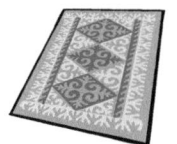

szőnyeg

kapɛt

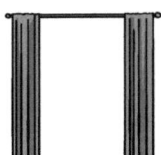

függöny

kɛtin

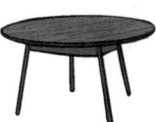

asztal

pono

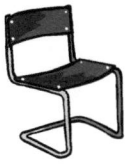

szék

akonwa

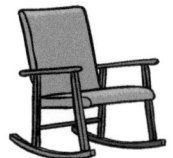

hintaszék

akonwa aa ɛkɔ anim ne akyi

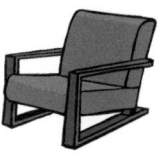

karosszék

nsaakonwa

könyv

nwoma

takaró

kuntu

dekoráció

beaɛ asiesie

tűzifa

egya

film

mfoni

hifi

hi-fi afidie

kulcs

safoa

újság

dawurubɔ krataa

festmény

akaado

poszter

mfoni

rádió

akasanoma

jegyzetfüzet

nwoma a wɔtwerɛ nsɛmpɔ
gu mu

porszívó

afidie a wɔde pra mfuturo

kaktusz

cactus

gyertya

kandele

konyha
gyaade

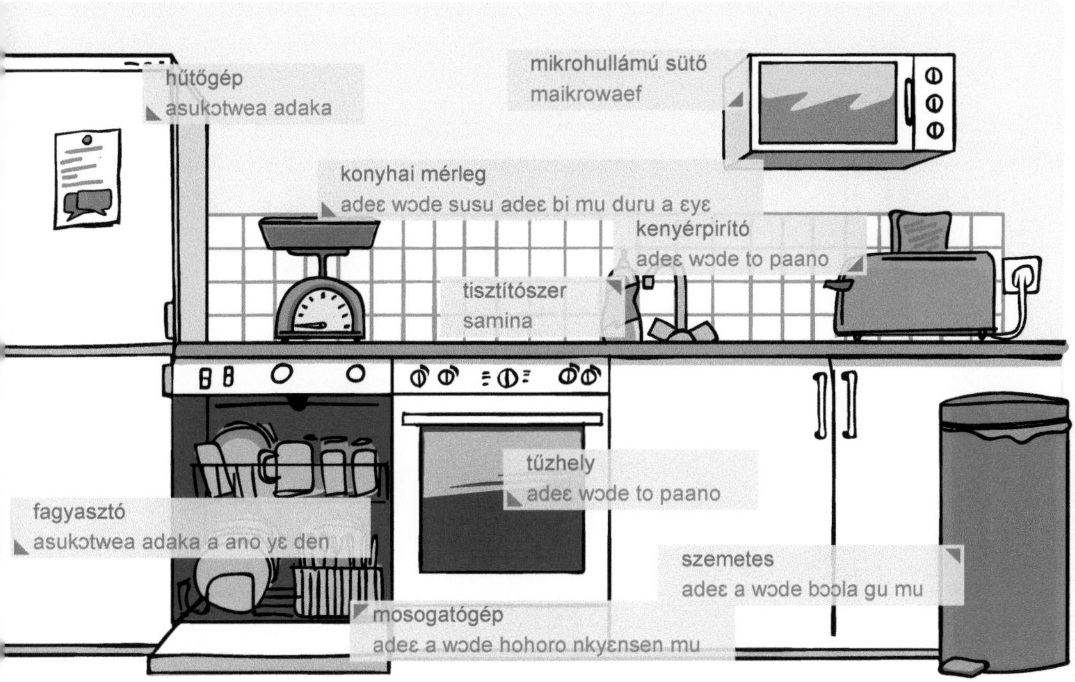

hűtőgép
asukɔtwea adaka
mikrohullámú sütő
maikrowaef
konyhai mérleg
adeɛ wɔde susu adeɛ bi mu duru a ɛyɛ
kenyérpirító
adeɛ wɔde to paano
tisztítószer
samina
tűzhely
adeɛ wɔde to paano
fagyasztó
asukɔtwea adaka a ano yɛ den
szemetes
adeɛ a wɔde bɔɔla gu mu
mosogatógép
adeɛ a wɔde hohoro nkyɛnsen mu

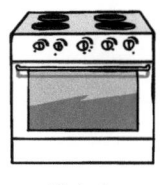

tűzhely

adeɛ a wɔde noa aduane

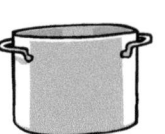

edény

kukuo

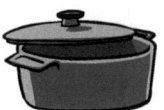

vasfazék

dadesɛn

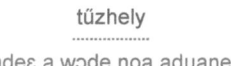

wok / kadai

wok / kadai

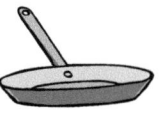

serpenyő

pan

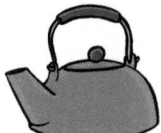

vízforraló

adeɛ wɔde noa nsuo

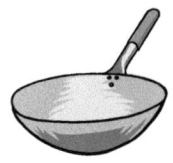

pároló

nea yɛde ka aduane hye

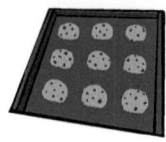

tepsi

adeɛ wɔto so paano

étkészlet

nkyɛnsen a wɔdidi mu

bögre

kuruwa

tálka

kyɛnsen

evőpálcika

nnua a wɔde didie

merőkanál

kwantere

keverőlapátka

atere

habverő

adeɛ wɔde nu adeɛ mu

szűrő

sɔneɛ

szita

sɔneɛ

reszelő

adeɛ a wɔde twi adeɛ

mozsár

waduro

grillsütő

adeɛ a wɔde toto nam

kandalló

egya a biribiara mmɔ ho
ban

vágódeszka

adeɛ a wɔtwitwa so nnɔɔma

sodrófa

adea wɔde twi nnɔɔma

dugóhúzó

adeɛ a wɔde tu toa ano

doboz

konku

konzervnyitó

adeɛ wɔde bie konku so

edényfogó

nea yɛde sɔ kukuo mu

mosogató

adeɛ a wɔhohoro nkyɛnse
wɔ mu

kefe

adeɛ a wɔde twitwi

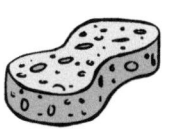

szivacs

sapɔ

turmixgép

afidie wɔde yam nnuane

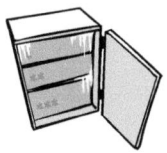

mélyhűtő

asukɔtwea adaka a ano yɛ
den

cumisüveg

abɔfra toa

csap

nsuo

fürdőszoba

adwareɛ

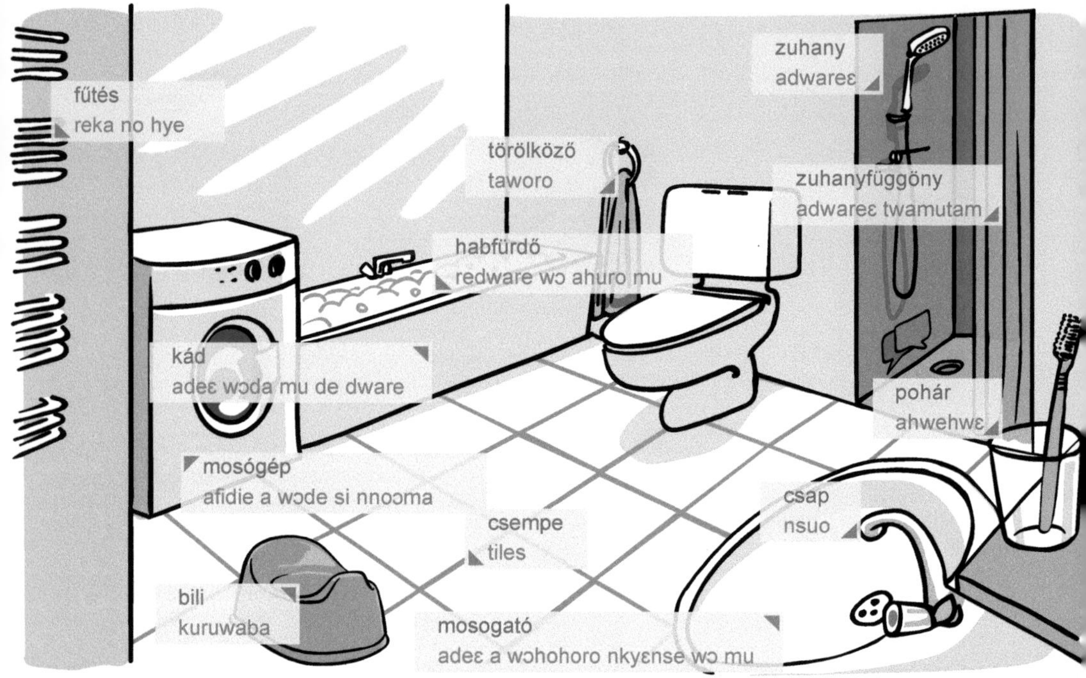

fűtés
reka no hye
törölköző
taworo
zuhany
adwareɛ
zuhanyfüggöny
adwareɛ twamutam
habfürdő
redware wɔ ahuro mu
kád
adeɛ wɔda mu de dware
pohár
ahwehwɛ
mosógép
afidie a wɔde si nnoɔma
csap
nsuo
csempe
tiles
bili
kuruwaba
mosogató
adeɛ a wɔhohoro nkyɛnse wɔ mu

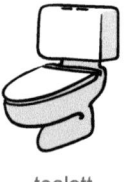

toalett

agyananbea

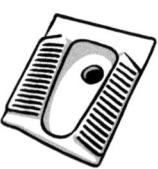

guggolós toalett

agyananbea a wɔkotoso

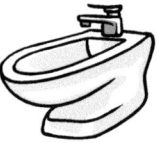

bidé

bidet

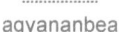

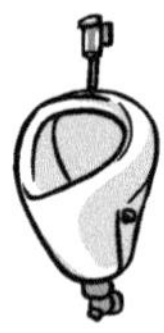

piszoár

dwonsɔbea

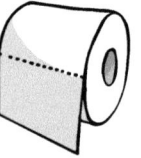

toalett papír

tiafi krataa

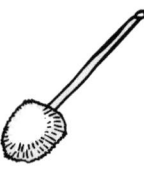

wc kefe

adeɛ a wɔde twitwi agyanbea

fogkefe

adeɛ wɔde twitwiri ɛse

fogkrém

aduro wɔde twitwiri ɛse

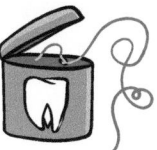

fogselyem

adeɛ wɔde yiyi ɛse ntam

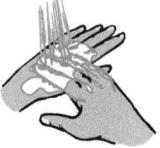

mosni

si

kézi zuhany

adeɛ wɔsɔ mu de dware

intimzuhany

adeɛ nsuo fa mu na wɔde
hohoro mmaa ase

mosdótál

adeɛ wɔsi nnɔɔma wɔ mu

hátmosó kefe

adeɛ wɔde twitwi yakyi

szappan

samina

tusfürdő

adwareɛ samina

sampon

deɛ wɔde hohoro tirinwii mu

mosdókesztyű

ntoma wɔde asaawa na ayɛ

lefolyó

nsuokwan

krém

nkuu

dezodor

aduro a wɔde fa mmɔtoamu

tükör

ahwehwɛ

kézitükör

ahwehwɛ kumaa

borotva

yiwan

borotvahab

aduro a wɔde yi

borotválkozás utáni
arcszesz

aduro a wɔde sera beaɛ
wayi

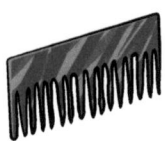

fésű

afe

hajkefe

brɔsh

hajszárító

afidie a wɔde ka nwii ma no
wo

hajlakk

adeɛ wɔde aduro gu mu de
gu nwii so

smink

adeɛ wɔde yɛn wɔn anim

ajakrúzs

adeɛ wɔde keka ano

körömlakk

aduro a wɔde ka mmɔwerɛ
so

vatta

asaawa

körömvágó olló

apasoɔ a wɔde twitwa
mmɔwerɛ

parfüm

aduham

neszesszer

baage a wɔde nnooma gu
mu wɔ adwareɛ

sámli

akonwa

mérleg

afidie a wɔde susu adeɛ bi
mu duro

köntös

ataadeɛ wɔhyɛ berɛ a
wɔrekɔdware

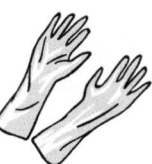

gumikesztyű

adeɛ wɔde hyɛ wɔn nsa a
wɔde rɔba na ayɛ

tampon

adeɛ wɔde twe nsuo firi
pirakuro mu

egészségügyi betét

deɛ mmaa de siesie wɔn ho
berɛ wɔn abu wɔn nsa

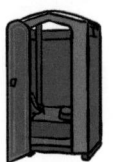

vegyi WC

agyananbea a wɔde nnuro
kora

gyerekszoba
abɔfra dan mu

ébresztő óra
berɛkyerɛfoɔ a ɛtumi yɛ dede
plüssállat
agodiaba a wɔde to wɔn nkyɛn da
játékautó
kaa agodiaba
csörgő
akasaa
babaház
beaɛ a wɔtɔn agodiaba pii
ajándék
akyedeɛ

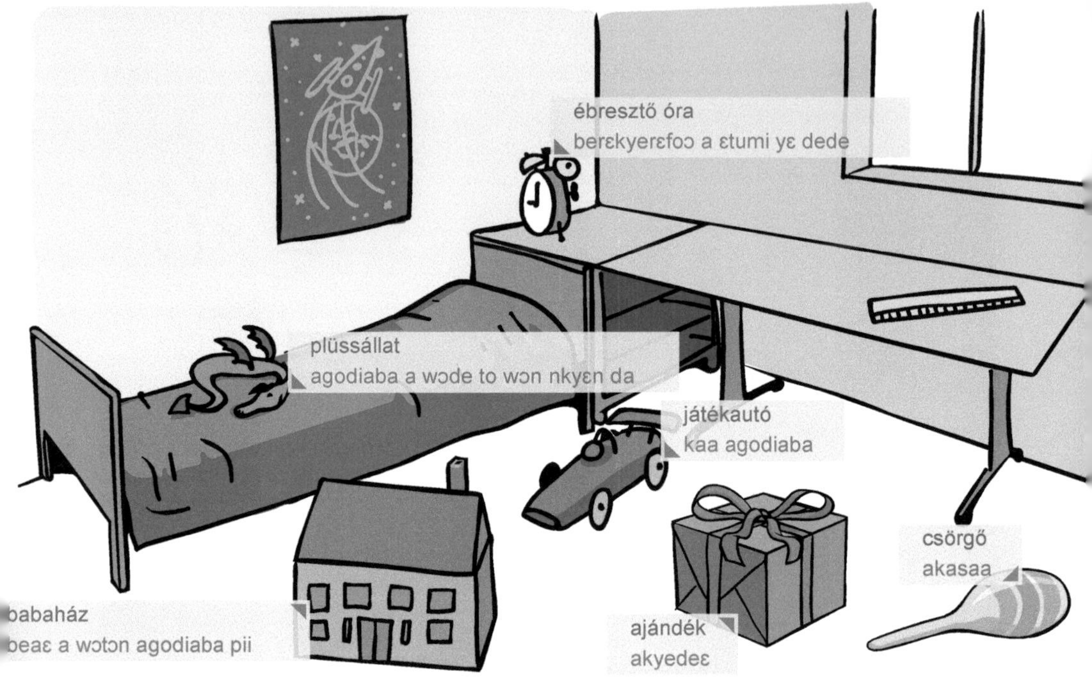

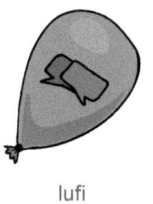

lufi

baluu

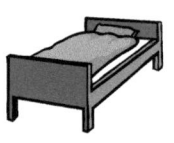

ágy

mpa

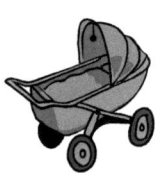

babakocsi

adeɛ a wɔde mmɔfra to mu pia wɔn

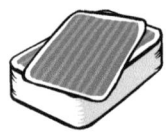

kártyapakli

nkrataa a ɛhyɛ adaka mu

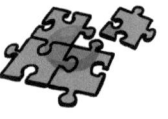

kirakós játék

mfonin asiniasini a wɔkeka si ani hyehyɛ

SUPER
MEGA

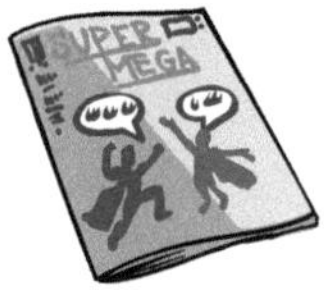

képregény

mmɔfra aseresɛm nwoma

építőkockák

lego bricks

építőelem

bloks a wɔde si dan

szuperhős

mmɔfra agodiaba

rugdalózó

mmɔfra ataade a wɔayɛ abɔ
mu

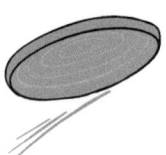

frizbi

frisbee

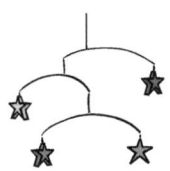

zenélő forgó

agodiaba a wɔde sensɛne
mmɔfra mpa so

társasjáték

agorɔ a ɛwɔ pono so

kocka

ludu aba

modellvasút

ketekye ketewa

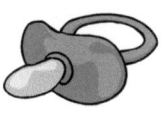

cumi

adeɛ a wɔde hyɛ mmɔfra
anumu

zsúr

apontoɔ

képeskönyv

krataa mfonin wɔ mu

labda

bɔɔlo

baba

agodiaba

játszani

di agorɔ

homokozó

adeɛ wɔde anwea agu mu a
mmɔfra di mu agorɔ

hinta

adonko

játékok

agodiaba

videójáték konzol

afidie abɛɛfo agodie wɔ so a
wɔbɔ

tricikli

dadepɔnkɔ a ne nan yɛ
mmiensa

teddi maci

sisire agodiaba

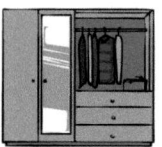

ruhásszekrény

wɔdrop

zokni

adeɛ a wɔhyɛ ansa na
wahyɛ mpaboa

harisnya

ataade tenten a wɔhyɛ wɔ
wɔn nan ho

harisnyanadrág

ataadeɛ a ɛkyekyere deɛ
wahyɛ no

sál
duku

esernyő
kyiniɛ

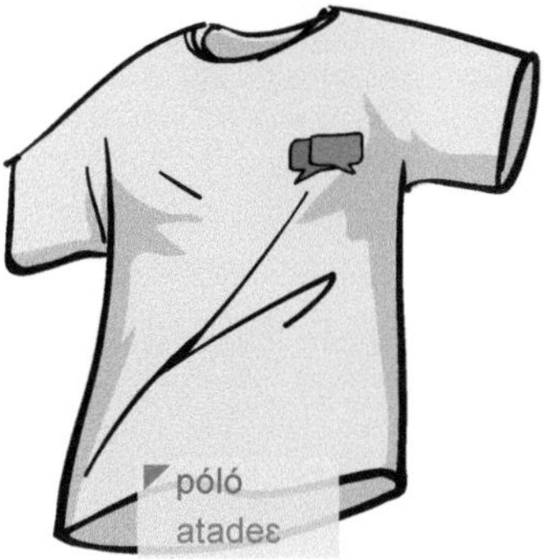

póló
atadeɛ

öv
abɔɔmu

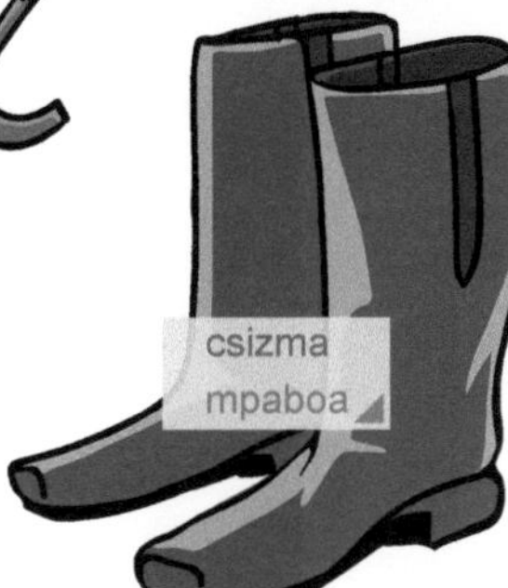

csizma
mpaboa

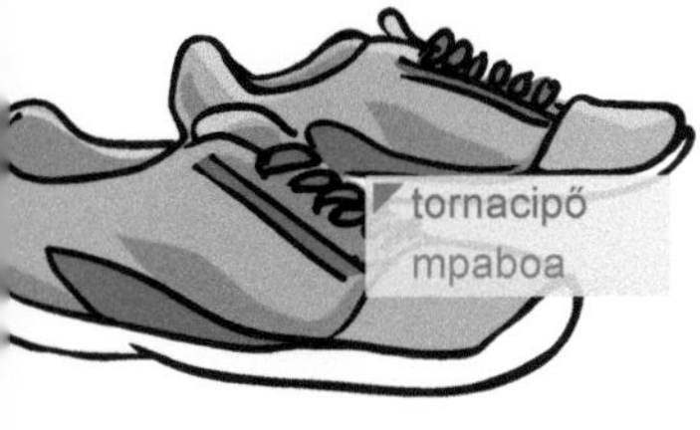

papucs
mpaboa

tornacipő
mpaboa

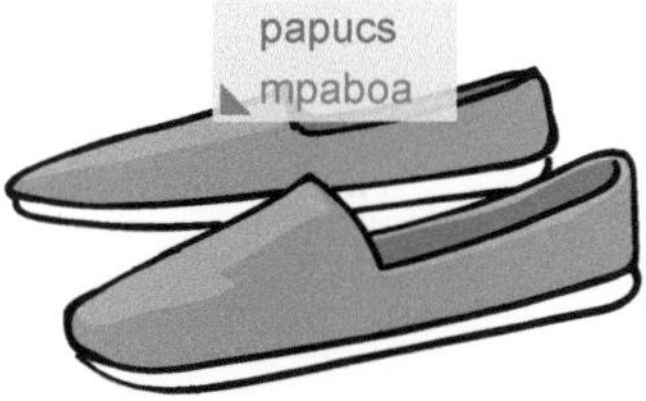

szandál
....
mpaboa

cipő
....
mpaboa

gumicsizma
....
rɔba mpaboa

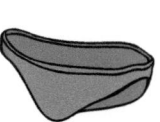

alsónadrág
....
drɔs

melltartó
....
adeɛ mmaa hyɛ de kora
wɔn nufu

mellény
....
fɛst

body

nipadua

nadrág

trɔsa

farmer

gyins

szoknya

skɛɛte

blúz

mmaa ataade soro

ing

ataadesoro

pulóver

swata

kapucnis pulóver

ataadeɛ a ɛkyɛ wɔ mu

blézer

kootu

dzseki

ataade ngusoɔ

kabát

kootu

esőkabát

ataadeɛ wɔhyɛ berɛ nsuo
retɔ

kosztüm

ataadehyɛ

ruha

ataadeɛ

esküvői ruha

ayifrɔ atadeɛ

öltöny

ataade nkatasɔɔ

hálóing

ataadeɛ a yɛhyɛ de da

pizsama

pigyamas

szári

sari

fejkendő

duku

turbán

duku

burka

ataadeɛ Nkramofoɔ mmaa
hyɛ na ɛkata wɔn tiri so de
kɔsi wɔn nan ase

kaftán

kaftan

abaya

abaya

fürdőruha

ataadeɛ a wɔhyɛ de dware
nsuo mu

fürdőnadrág

nika

rövidnadrág

nika

tréningruha

traksuit

kötény

ntoma a wɔde kata wɔn
kɔnmu berɛ wɔreyɛ aduane

kesztyű

adeɛ wɔde hyɛ wɔn nsa

gomb

batin

szemüveg

ahwehwɛniwa

karkötő

adeɛ wɔde to wɔn nsa

nyaklánc

kɔnmuade

gyűrű

kawa

fülbevaló

asomadeɛ

sapka

ɛkyɛ

vállfa

adeɛ a wɔde kootu hyɛ so

kalap

ɛkyɛ

nyakkendő

abɔɔmenemu

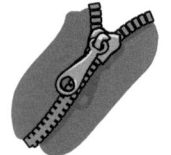

cipzár

zip

bukósisak

ɛkyɛ a wɔhyɛ de twi
motosakre

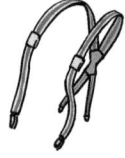

nadrágtartó

bresis

iskolai egyenruha

sukuu ataadeɛ

egyenruha

ataadeɛ

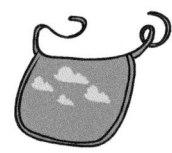

előke

adeɛ a wɔde gu abɔfra kɔn mu berɛ a wɔredidi

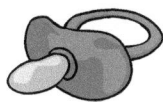

cumi

adeɛ a wɔde hyɛ mmɔfra anumu

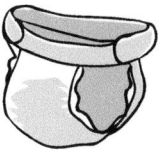

pelenka

moase tam

iroda

ɔfise

szerver
sɛva
irattartó szekrény
adaka a yɛde nkrataa hyɛhyɛ mu
papír
krataa
nyomtató
printa
képernyő
mɔnita
íróasztal
pono
egér
mouse
mappa
nwoma a wɔde nkrataa hyehyɛ mu
billentyűzet
keebɔdo
ő
a na ayɛ a wɔde nwura gu mu
szék
akonwa
számítógép
kɔmputa

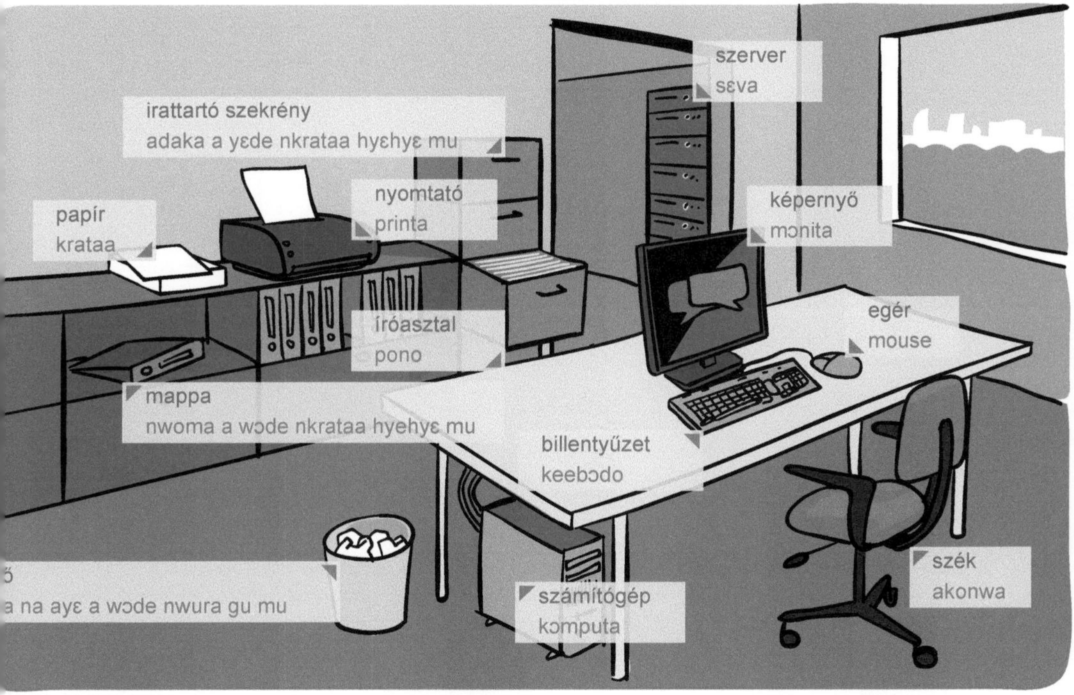

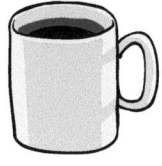

kávéscsésze

kɔfe kuruwa

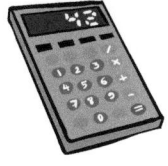

számológép

afidie a wɔde bu nkonta

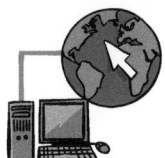

internet

intanɛt

laptop

laptɔp

levél

krataa

üzenet

nkratɔɔ

mobiltelefon

mobile

hálózat

nɛtwɛk

fénymásoló

fotokɔpia

szoftver

sɔftwɛɛ

telefon

tetefon

konnektor

plɔg sɔkɛti

faxgép

fax afidie

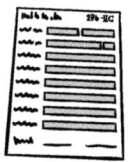

formanyomtatvány

krataa

dokumentum

krataa

venni

tɔ

fizetni

tua

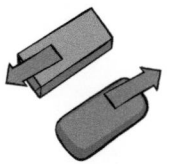

kereskedni

tɔn

pénz

sika

dollár

dollar

euró

euro

jen

yen

rubel

rouble

svájci frank

Swiss franc

kínai jüan

renminbi yuan

rúpia

rupee

bankautomata

sikabea

valutaváltó iroda

baabi aa yɛsesa

arany

sikakɔkɔɔ

ezüst

dwetɛ

olaj

ngo

energia

ahoɔden

ár

ne boɔ

szerződés

nteaseɛ a ɛwɔ krataa so

adó

ɛtoɔ

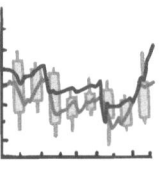

részvény

stock

dolgozni

yɛ adwuma

munkavállaló

odwumayɛni

munkaadó

obi a wafa obi adwumamu

gyár

afidihyehyɛbea

üzlet

beaɛ a wɔtɔn adeɛ

foglalkozások
nnwuma ahodoɔ

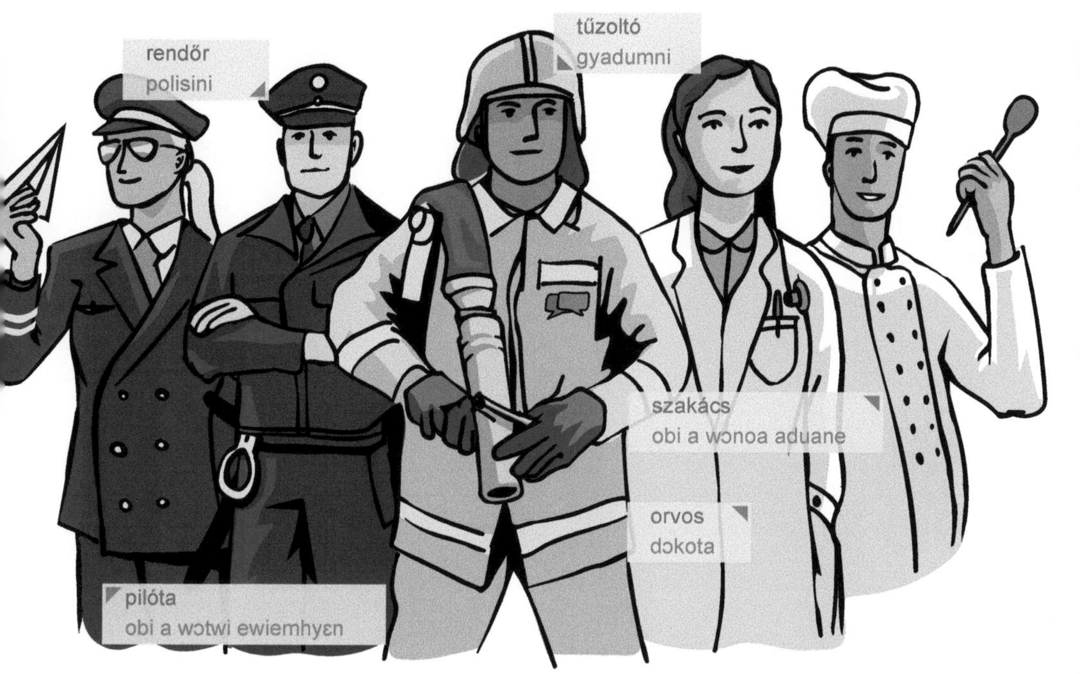
rendőr
polisini
tűzoltó
gyadumni
szakács
obi a wɔnoa aduane
orvos
dɔkota
pilóta
obi a wɔtwi ewiemhyɛn

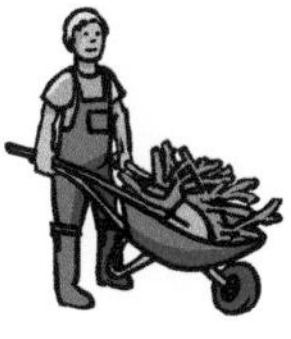

kertész

kuani

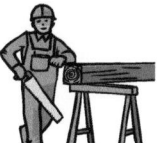

kárpitos

nnuaseni

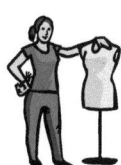

varrónő

ɔbaa a wɔpam adeɛ

bíró

otɛnmuani

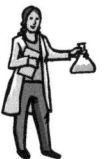

vegyész

dufrani

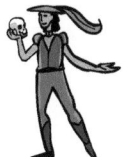

színész

siniyifoɔ

buszsofőr

hyɛnkani

taxisofőr

taxi drɔba

halász

ɔfarifo

bejárónő

ɔbaa wɔpopa beaɛ

tetőfedő

obi a wɔbɔ dan so

pincér

barima a wɔsom wɔ beaɛ a
wɔtɔn aduane

vadász

ɔbɔmɔfo

festő

obi wɔde akaado keka ɛden
ne nnɔɔma aka ho

pék

brodotofo

villanyszerelő

obi a wɔyɛ nkaneɛ ho
adwuma

építőmunkás

dansifo

mérnök

obi a wɔyɛ mfidie akɛseɛ ho
adwuma

hentes

namtɔnfo

vízvezeték-szerelő

obi a wɔhyehyɛ drobɛn a
nsuo fa mu

postás

obi a wɔde nkrataa a
amanfoɔ atwerɛ soma no

katona

ɔsrani

építész

obi a wɔyɛ adansie ho
adwuma

eladó

obi a wɔhwɛ sika so

virágos

obi a wɔtɔn nhwiren

fodrász

obi a wɔyɛ tire

kalauz

deɛ wɔgyegye sika wɔ
ɛhyɛn mu

műszerész

obi a wɔsiesie ɛhyɛn

kapitány

panin

fogorvos

dɔkota a wɔhwɛ se

tudós

abodeɛmu nyasapɛni

rabbi

ɔkyerɛkyerɛni

imám

imam

szerzetes

monk

lelkész

sofo

szerszámok

akadeɛ

fogó
playa
kalapács
hama
csavarhúzó
adeɛ wɔde tutu mfidie
elemlámpa
kanea
csavarkulcs
spana

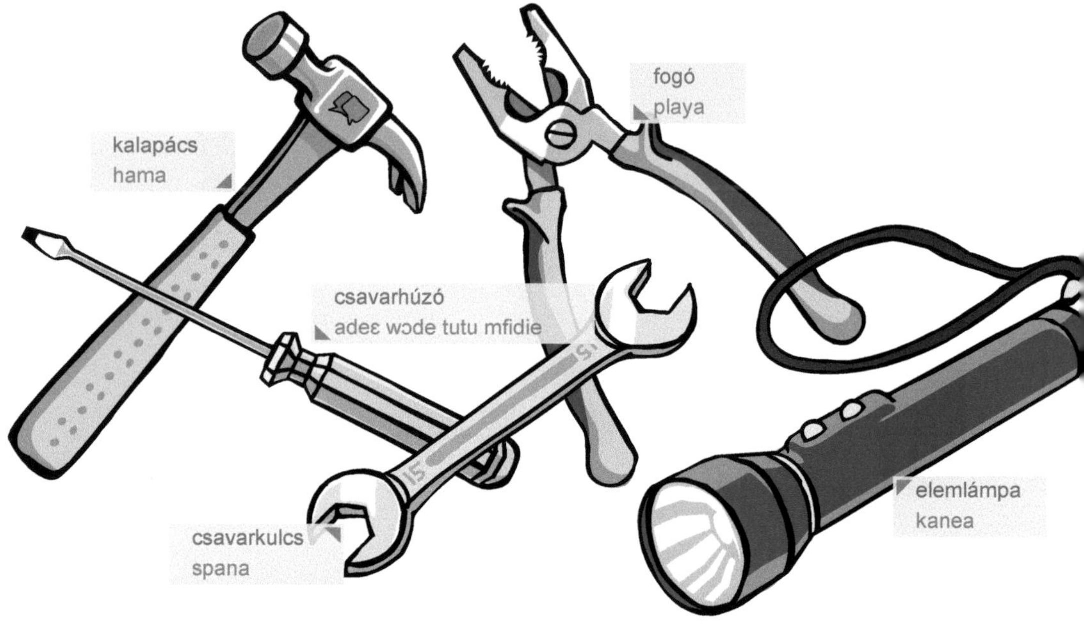

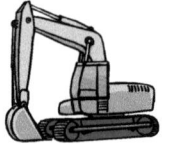

markológép

afidie a wɔde tu fam

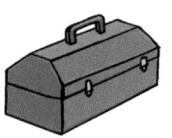

szerszámosláda

adaka a wɔde nnoɔma a wɔde yɛ adwuma gu mu

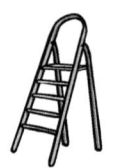

vödör

atwedeɛ

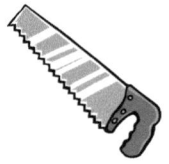

fűrész

sradaa

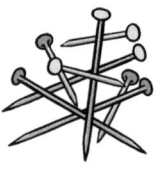

szög

nnadowa

fúrógép

afidie a wɔde mmia nnoɔma mu

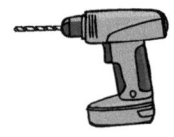

megjavítani

siesie

lapát

sɔfi

A francba!

Yieee!

szemétlapát

asesa nwura

festékesdoboz

akaado kora

csavar

dadeɛ wɔde bobɔ nnɔɔma
mu

hangszerek

mfidie a wɔde bɔ nnwom

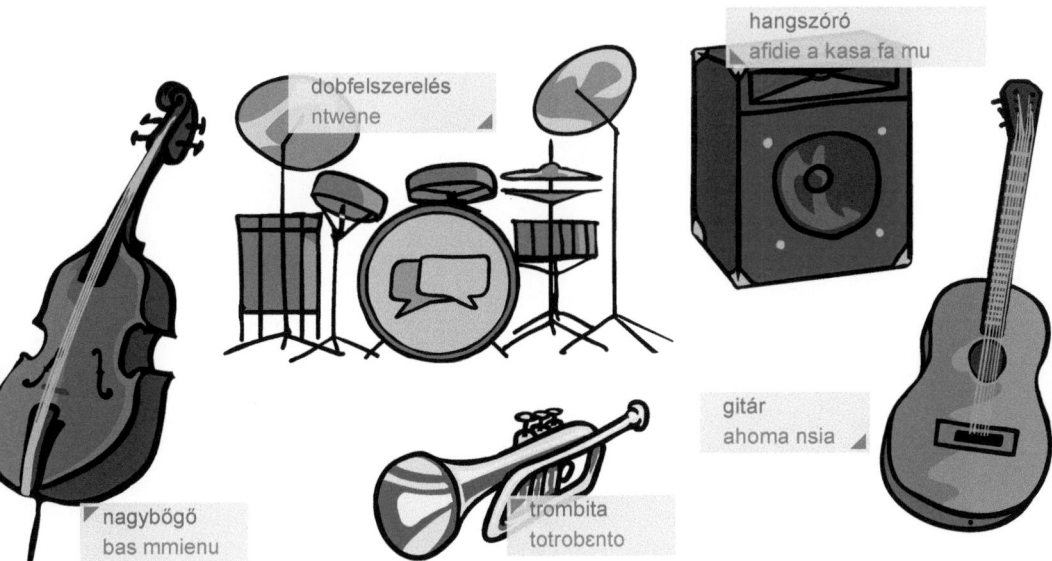

hangszóró
afidie a kasa fa mu

dobfelszerelés
ntwene

gitár
ahoma nsia

nagybőgő
bas mmienu

trombita
totrobɛnto

zongora

sankuo

hegedű

sankuo

basszusgitár

ahoma nsia

üstdob

timpani

dobok

ntwene

digitális zongora

sankuo

szaxofon

sasofon

fuvola

trobεnto

mikrofon

akasanoma

állatkert

mmoakurabea

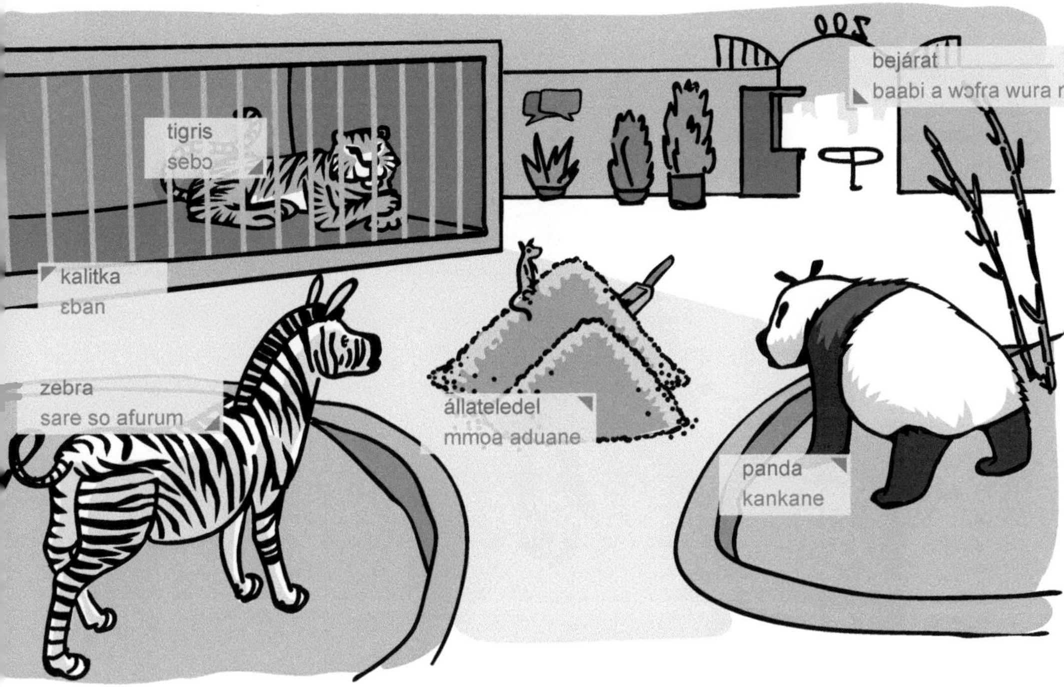

bejárat
baabi a wɔfra wura m
tigris
sebɔ
kalitka
ɛban
zebra
sare so afurum
állateledel
mmoa aduane
panda
kankane

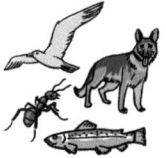

állatok
mmoa

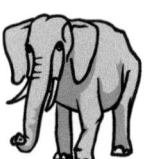

elefánt
ɔsono

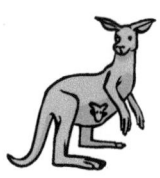

kenguru
kangaroo

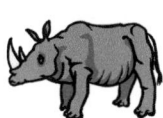

orrszarvú
bɛnkorɔ

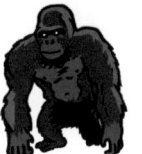

gorilla
akaatia

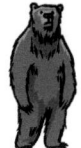

medve
sisire

teve

yoma

strucc

sohori

oroszlán

gyata

majom

kontromfi

flamingó

asukɔnkɔn

papagáj

ako

jegesmedve

sisire

pingvin

penguin

cápa

oboodede

páva

kohaa

kígyó

ɔwɔ

krokodil

dɛnkyɛm

állatgondozó

mmoasohwɛfo

fóka

sukraman

jaguár

sebɔ

póniló

ponkɔ ketewa

leopárd

etwie

víziló

susono

zsiráf

kɔntenten

sas

ɔkɔdeɛ

vaddisznó

kɔkɔte

hal

nsuomunam

teknős

sudanda

rozmár

sukraman

róka

sakraman

gazella

adowa

amerikai futball
Amerika bɔɔlo

kerékpározás
dadepɔnkɔ twie akansie

tenisz
tɛnɛs

kosárlabda
baskɛtbɔɔlo

úszás
nsuo dwareɛ

jégkorong
hɔki a wɔbɔ no wɔ asukɔt

boksz
akutrukubɔ

futball	tollas	atlétika
bɔɔlo	badminton	mmirikatuo

kézilabda	síelés	lovaspóló
nsa bɔɔlo	asukɔtwea so agorɔ	polo

ugrani
huri

nevetni
sre

ölelni
fam

sétálni
nante

énekelni
to nwom

álmodni
so daeɛ

dicsérni
bɔ mpaeɛ

csókolni
fe ano

írni	rajzolni	mutatni
twerɛ	dwidwi	kyerɛ

tolni	adni	vinni
pia	ma	fa

birtokolni

gye

csinálni

yɛ

lenni

yɛ

állni

gyina

futni

tu mirika

húzni

twe

hajít

to

esni

tɔ fam

hazudni

twa ntorɔ

várni

twɛn

vinni

soa

ülni

tena ase

felvenni

hyɛ atadeɛ

aludni

da

felébredni

sɔre

ránézni

hwɛ

sírni

su

simogat

fa wo nsa fefa ho

fésülni

nunu wotirim

beszélni

kasa

megérteni

te aseɛ

kérdezni

bisa

hallgatni

tie

inni

nom

enni

didi

takarítani

siesie

szeretni

dɔ

főzni

noa

vezetni

ka kaa

szállni

tu

vitorlázni
ka

számol
bo ho nkonta

olvasni
kan

tanulni
sua

dolgozni
yɛ adwuma

házasodni
ware

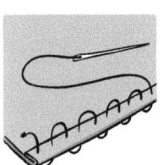

varrni
pam

fogat mosni
twitwi wo se

ölni
kum

dohányozni
hye

küldeni
soma

tevékenységek - dwumadie ahodoɔ

család
abusua

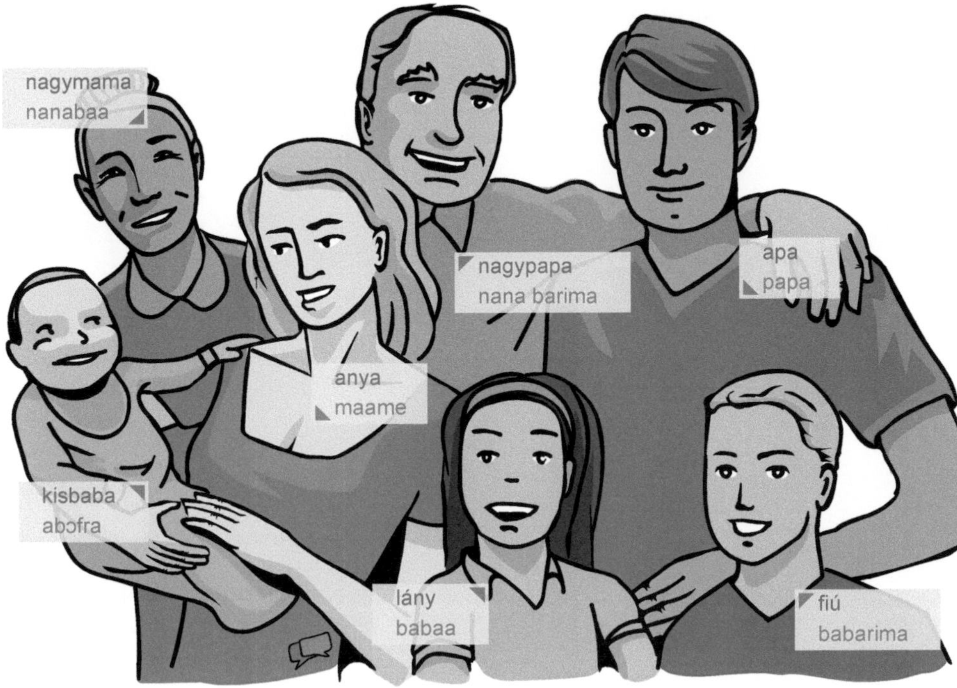
nagymama
nanabaa
nagypapa
nana barima
apa
papa
anya
maame
kisbaba
abɔfra
lány
babaa
fiú
babarima

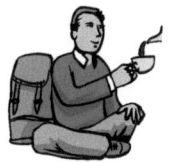

vendég
ɔhɔhoɔ

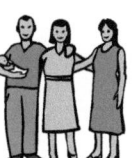

nagynéni
sewaa

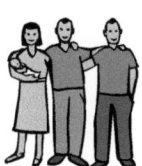

nagybácsi
wɔfa

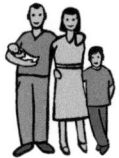

fiútestvér
nua barima

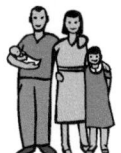

lánytestvér
nuabaa

test
nipadua

homlok
moma
szem
ani
váll
abatire
ujj
nsatea
arc
anim
áll
abodweɛ
kéz
nsa
láb
nan
mell
nufuoɔ
kar
abasa

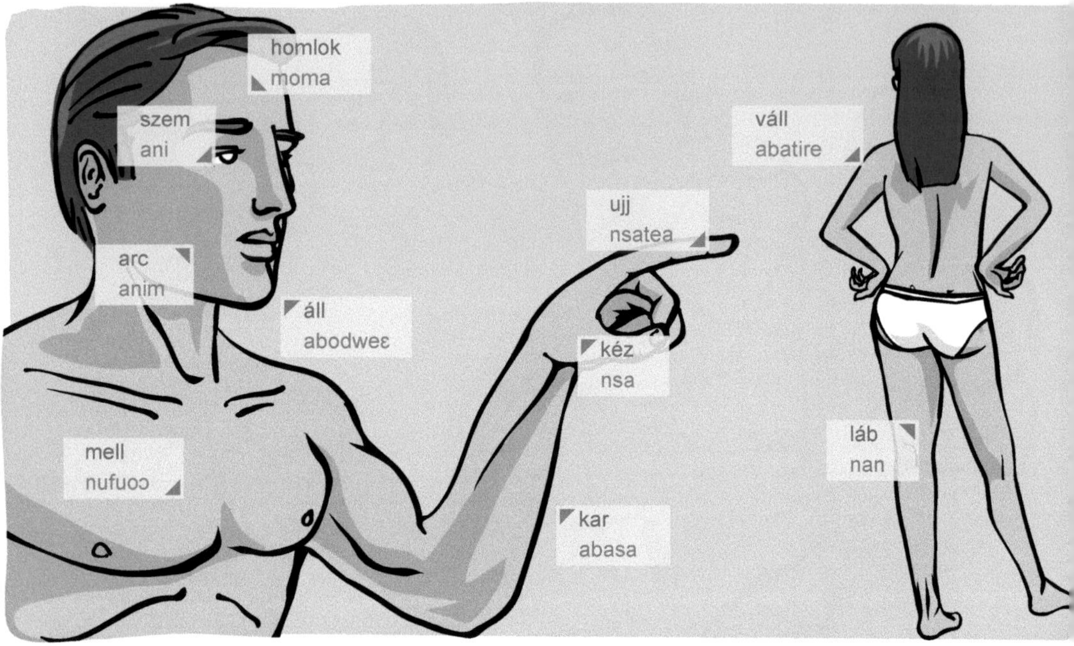

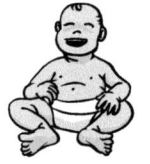

kisbaba
abɔfra

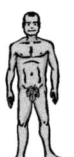

ember
barima

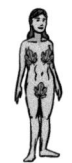

nő
ɔbaa

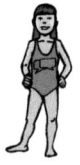

lány
abaayewa

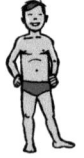

fiú
abarimaa

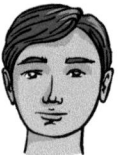

fej
ɛtire

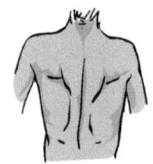

hát

akyi

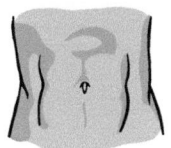

has

yafunu

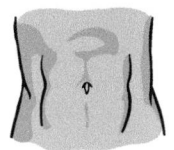

köldök

furuma

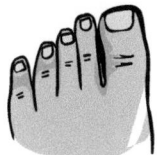

lábujj

nansoa

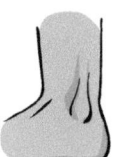

sarok

nantini

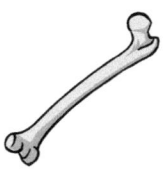

csont

dompe

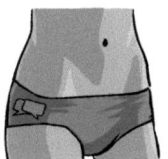

csípő

sisi

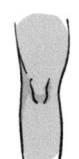

térd

kotodwe

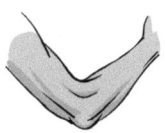

könyök

abatwerɛ

orr

hwene

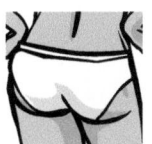

fenék

ɛtoɔ

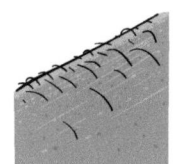

bőr

wedeɛ

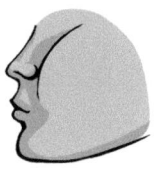

orca

afono

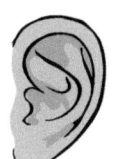

fül

aso

ajak

ano

száj

ano

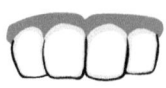

fog

ɛse

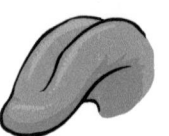

nyelv

tɛkyerɛma

agy

adwene

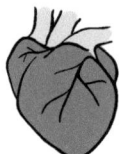

szív

akoma

izom

honam

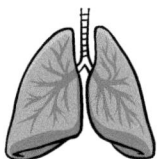

tüdő

ahrawa

máj

brɛbɔɔ

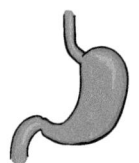

gyomor

afuro

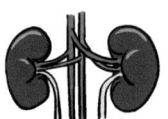

vese

sawa

szex

barima ne ɔbaa nna mu
nhyiamu

kondom

kɔndɔm

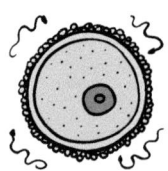

petesejt

nkosua a ɛwɔ obaa mu

sperma

barima ho nsuo

terhesség

nyinsɛn

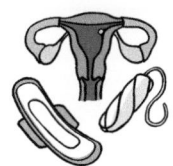

menstruáció

brayɔ

vagina

ɛtwɛ

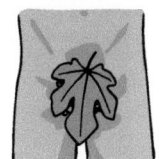

pénisz

kɔteɛ

szemöldök

aniakyi nwii

haj

nwii

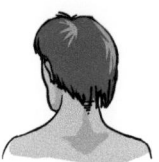

nyak

kɔn

kórház
asopiti

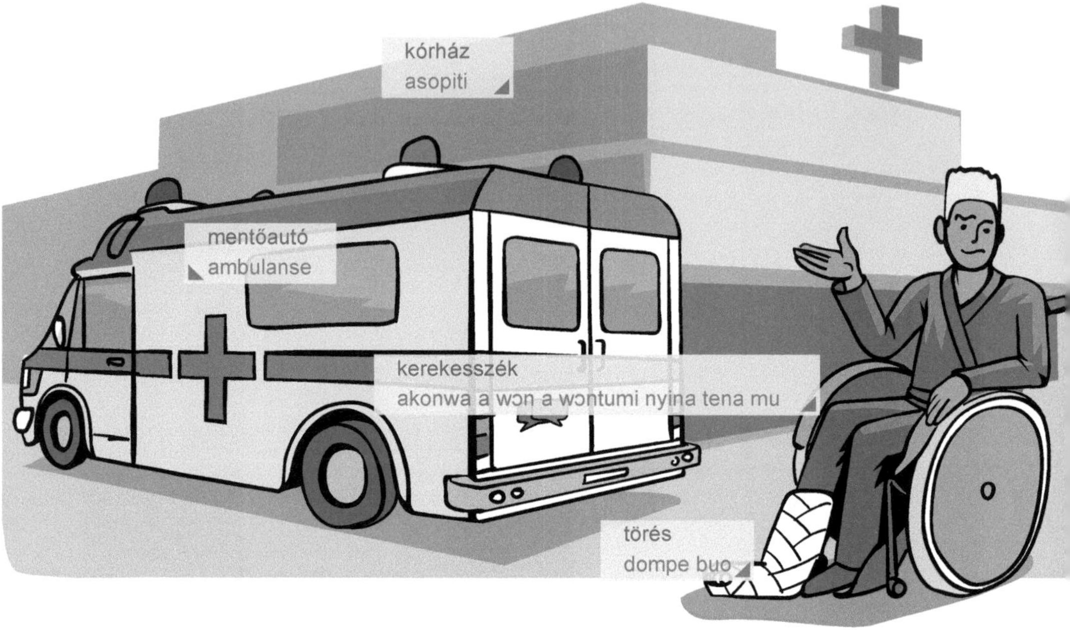

kórház
asopiti

mentőautó
ambulanse

kerekesszék
akonwa a wɔn a wɔntumi nyina tena mu

törés
dompe buo

orvos

dɔkota

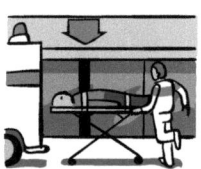

sürgősségi osztály

ɛdan a wɔde wɔn a wɔn
apira kɔ mu kɔhwɛ wɔn
ɔhare so

ápoló

nɛɛse

vészhelyzet

putupru

eszméletlen

fenti

fájdalom

yaw

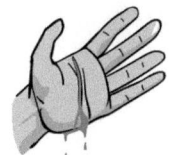

sérülés

pira

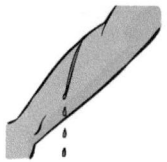

vérzés

mogyatuo

szívroham

akoma yareɛ

szélütés

nwodwoɔ yareɛ

allergia

adeɛ wo honam mpɛ

köhögés

ɛwa

láz

ahoɔhyeɛ

influenza

papu

hasmenés

ayɛmhwie

fejfájás

tiripayɛ

rák

kokoram

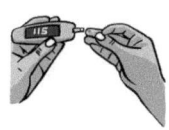

cukorbetegség

asikyire yareɛ

sebész

dɔkotani wɔpaepae obi sa
no yareɛ

szike

sekamma

műtét

repaepae obi ho asa no
yareɛ

CT

CT

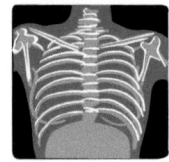

röntgen

x-ray

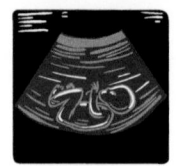

ultrahang

mfonin a wɔtwa de hwɛ
awodeɛ mu

arcmaszk

anim nkatadeɛ

betegség

yareɛ

váróterem

dan aa yɛtwɛn wɔ mu

mankó

klɔkye

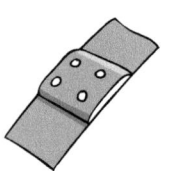

sebtapasz

plasta

kötszer

bandege

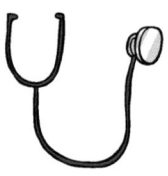

injekció

paneɛ

sztetoszkóp

afidie a wɔde tie dede wɔ
nnipa ho

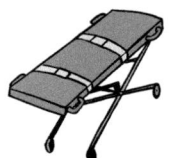

hordágy

mpa

klinikai hőmérő

afidie wɔde hwɛ ahoɔhyeɛ

születés

awoɔ

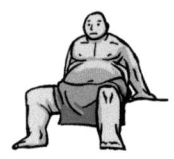

túlsúly

kɛseyɛ mmorosoɔ

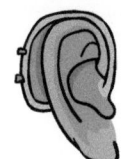

hallókészülék

afidie a εboa ma obi te
asεm yie

fertőtlenítőszer

aduro a wɔde ko tia
yaremmoa bateria

fertőzés

yareε nsaeε

vírus

yaremmoawa

HIV/AIDS

HIV / AIDS

orvosság

aduro

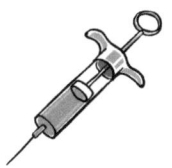

oltás

nsianoaduru paneεwɔ

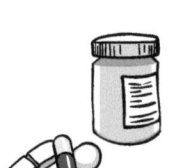

tabletták

nnuro a wɔmene

tabletta

aduro a wɔmene

sürgősségi hívás

putupru frε

vérnyomásmérő

afidie a wɔde hwε sεdeε
mogya di aforosane

betegség / egészség

yareε / ahuɔden

Segítség!

Boa me!

riasztás

alam

rajtaütés

repira obi

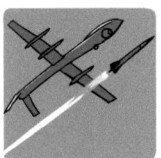

támadás

to hyɛ biribi so

veszély

amaneɛ

vészkijárat

kwan a wɔfa so pue berɛ
asɛm asi putupuru

tűz!

Egya!

tűzoltókészülék

adeɛ a wɔde dum gya

baleset

akwanhyia

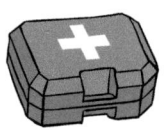

elsősegélycsomag

mmoa a edikan akadeɛ

SOS

SOS

rendőrség

polisi

Európa

Europe

Észak-Amerika

North America

Dél-Amerika

South America

Afrika

Afrioa

Ázsia

Asia

Ausztrália

Australia

Atlanti-óceán

Atlantic

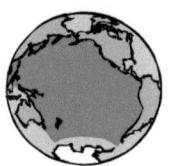

Csendes-óceán

Pacific

Indiai-óceán

Indian Ocean

Déli-óceán

Antartic Ocean

Jeges-tenger

Arctic Ocean

Északi-sark

North Pole

Déli-sark

South Pole

Antarktisz

Atartica

föld

Ewiase

szárazföld

asaase

tenger

ɛpo

sziget

ɛpoano

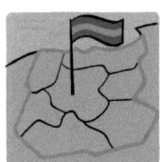

nemzet

ɔman

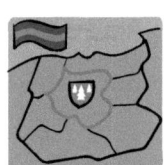

állam

ɔman

78

számlap

mmerɛ kyerɛfoɔ no anim

kismutató

dɔnhwere nsa

nagymutató

sima nsa

másodpercmutató

anitɛtɛ nsa

Mennyi az idő?

Abɔ sɛn?

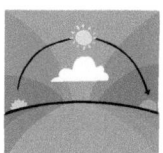

nap

da

idő

mmerɛ

most

seisei ara

digitális óra

abɛɛfo mmerɛ kyerɛfoɔ

perc

sima

óra

dɔnhwere

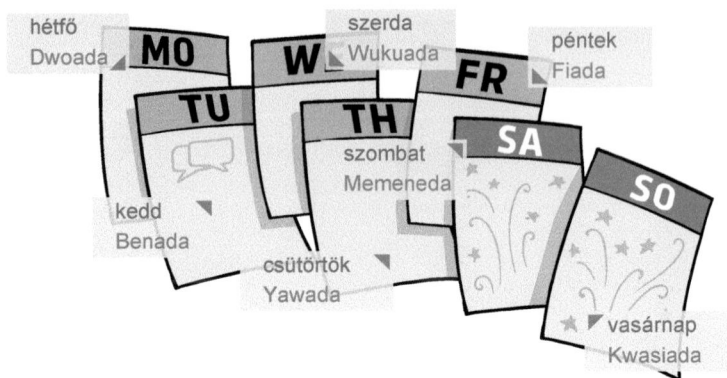

hétfő
Dwoada

szerda
Wukuada

péntek
Fiada

kedd
Benada

szombat
Memeneda

csütörtök
Yawada

vasárnap
Kwasiada

tegnap

ɛnora

ma

nnɛ

holnap

ɔkyena

reggel

anɔpa

dél

awia

este

anwummerɛ

MO	TU	WE	TH	FR	SA	SU
1	2	3	4	5	6	7
8	9	10	11	12	13	14
15	16	17	18	19	20	21
22	23	24	25	26	27	28
29	30	31	1	2	3	4

hétköznap

adwuma nna

MO	TU	WE	TH	FR	SA	SU
1	2	3	4	5	6	7
8	9	10	11	12	13	14
15	16	17	18	19	20	21
22	23	24	25	26	27	28
29	30	31	1	2	3	4

hétvége

nnawɔtwe awieɛ

év
afe

eső
nsuo
szivárvány
nyankontɔn
hó
asukɔtwea
szél
mframa
tavasz
nsopitiemmere
ősz
twaberɛ
nyár
ahuhuberɛ
tél
awɔberɛ

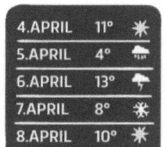

4.APRIL 11°
5.APRIL 4°
6.APRIL 13°
7.APRIL 8°
8.APRIL 10°

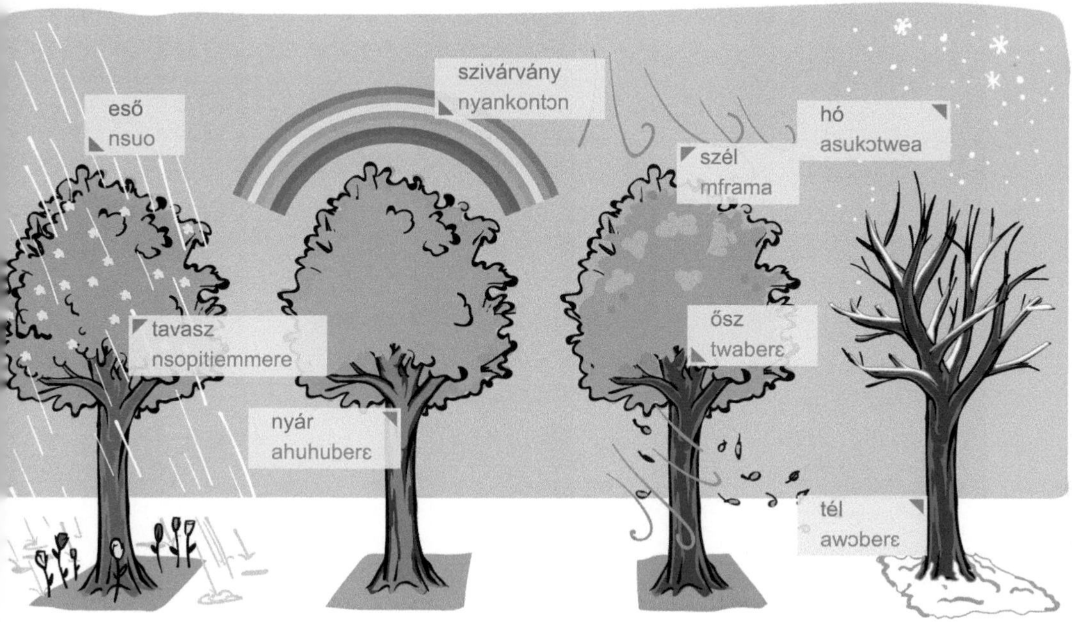

időjárás előrejelzés

ewiemu nsesaeɛ

F C
120 40
90 30
60 20
30 10
0 0
-30 -10
-20

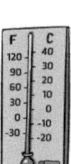

hőmérő

afidie a wɔde hwɛ ahoɔhyeɛ

napsütés

awiabɔ

felhő

munumkum

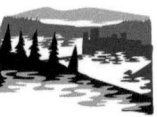

köd

ɛbɔ

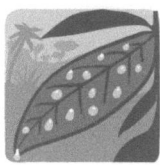

páratartalom

nsuo a ɛwɔ mframa mu

villámlás

ayerɛmo

mennydörgés

agradaa

vihar

nsuden ne mframa

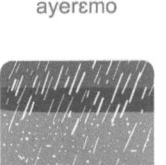

jégeső

sukɔtwea

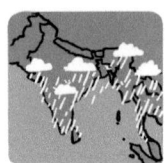

monszun

mframa a ɛde nsuo ba

áradás

nsuyiri

jég

asukɔtwea

január

ɔpɛpɔn

február

ɔgyefoɔ

március

ɔbɛnem

április

Oforisuo

május

Kotonimaa

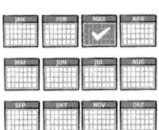

június

Ayɛwohumumɔ

július

Kitawonsa

augusztus

ɔsanaa

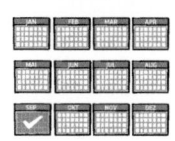

szeptember
εbɔ

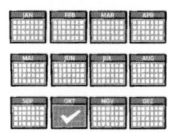

október
Ahinime

november
Obubuo

december
☐pεnimaa

alakzatok
bɔbea

kör
kanko

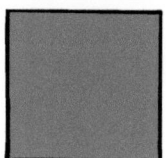

négyzet
ahenanan

téglalap
fasene

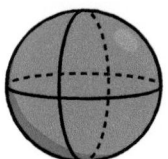

háromszög
ahinasa

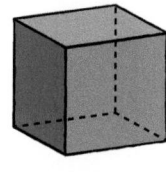

gömb
kanko

kocka
ahenanan

fehér

fitaa

sárga

akokɔsradeɛ

narancs

akokɔsradeɛ

rózsaszín

memen

piros

kɔkɔɔ

lila

beredum

kék

bibire

zöld

ahabanmono

barna

dodoeɛ

szürke

nson

fekete

tuntum

sok / kevés

bebree / ketewa

mérges / nyugodt

abufuo / brɛo

szép / csúnya

fɛfɛɛfɛ / tantantan

kezdet / vég

ahyɛaseɛ / awieɛ

nagy / kicsi

kɛseɛ / ketewa

világos / sötét

ɛhyerɛ / ɛdum

fivér / nővér

nua barima / nuabaa

tiszta / koszos

ɛho te / ɛfi

teljes / nem teljes

wawie / onwieeyɛ

nappal / éjszaka

anopa / anadwo

halott / élő

wawu / ɔtease

széles / keskeny

emu bue/emu mmueɛ

ehető / nem ehető

yetumi di / yentumi nni

gonosz / kedves

bɔne / papa

izgatott / unott

anigyeɛ / w'ani nka

kövér / vékony

kɛseɛ / hwea

első / utolsó

di kan / ka akyi

barát / ellenség

adanfo / atanfo

teli / üres

ayɛ ma / hwee nnimu

kemény / puha

dendenden / mrɛmrɛmrɛ

nehéz / könnyű

emu ye duru / emu yɛ ha

éhség / szomjúság

ɛkɔm / nsukɔm

betegség / egészség

yareɛ / ahuɔden

illegális / legális

ɛnfa mmrakwanso /
mmrakwanso

intelligens / buta

nimdifo / gyimifo

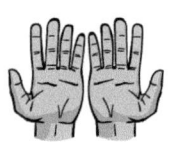

bal / jobb

benkum / nifa

közel / távol

ɛbɛn / ɛmu ware

új / használt
fofro / dada

semmi / valami
εnyε hwee / biribi

idős / fiatal
panyin / abɔfra

be / ki
sɔ / dum

nyitva / zárva
bue / yatom

csendes / hangos
dinn / dede

gazdag / szegény
sikani / ohiani

helyes / helytelen
papa / bɔne

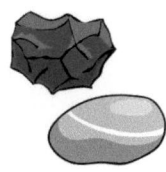

érdes / sima
wewerεwewerε / tromtrom

szomorú / vidám
awerehoɔ / anigye

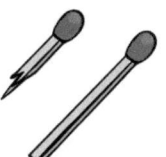

rövid / hosszú
tiatia / tentene

lassú / gyors
brεoo / ntεm

nedves / száraz
afɔ / awo

meleg / hideg
εyε hye / adwo

háború / béke
ntɔkwa / asomdwoe

0	**1**	**2**
nulla	egy	kettő
ohunu	baako	mmienu

3	**4**	**5**
három	négy	öt
mmiensa	nan	num

6	**7**	**8**
hat	hét	nyolc
nsia	nson	nwɔtwe

9	**10**	**11**
kilenc	tíz	tizenegy
nkron	du	du-baako

12

tizenkettő

du-mmienu

13

tizenhárom

du-mmiensa

14

tizennégy

du-nan

15

tizenöt

du-num

16

tizenhat

du-nsia

17

tizenhét

du-nson

18

tizennyolc

du-nwɔtwe

19

tizenkilenc

du-nkron

20

húsz

aduonu

100

száz

ɔha

1.000

ezer

apem

1.000.000

millió

ɔpepe

angol

Brofo kasa

amerikai angol

Amerika Brofo

mandarin kínai

Chinese Mandarin

hindi

Hindi

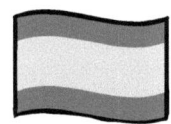

spanyol

Spanish

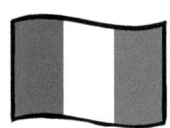

francia

French

arab

Arabic

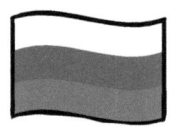

orosz

Russian

portugál

Portuguese

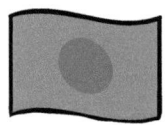

bengáli

Bengali

német

German

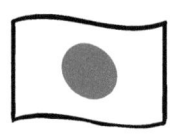

japán

Japanese

én

me

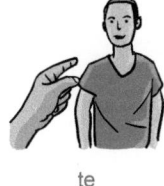

te

wo

ő

ɔno

mi

yɛn

ti

wo

ök

wɔn

ki?

hwan?

mi?

aden?

hogyan?

sɛn?

hol?

ɛhefa?

mikor?

dabɛn?

név

din

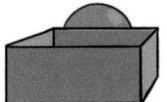

mögött

n'akyi

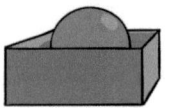

benne

ɛmu

előtte

wɔ n'anim

felette

soro

rajta

so

alatta

aseɛ

mellett

nkyene

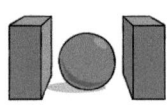

között

ntam

hely

fa hyɛ